MARCO POLO

ERZGEBIRGE VOGTLAND

Reisen mit

Insider-Tips

Diese Tips sind die ganz speziellen Empfehlungen unserer Autoren. Sie sind im Text gelb unterlegt.

Sechs Symbole sollen Ihnen die Orientierung in diesem Führer erleichtern:

★

für Marco Polo Tips – die besten in jeder Kategorie

für alle Objekte, bei denen Sie auch eine schöne Aussicht haben

für Plätze, wo Sie bestimmt viele Einheimische treffen

für Treffpunkte für junge Leute

(A 1)

Koordinaten für die Übersichtskarte

Die Marco Polo Route verbindet die schönsten Punkte des …

Er sta …

rund …

Für Ihre nächste Reise gibt es folgende Titel dieser Reihe:

Ägypten • Alaska • Algarve • Allgäu • Amrum/Föhr • Amsterdam • Andalusien • Antarktis • Argentinien/Buenos Aires • Athen • Australien • Bahamas • Bali/Lombok • Baltikum • Bangkok • Barcelona • Bayerischer Wald • Berlin • Berner Oberland • Bodensee • Bornholm • Brasilien/Rio • Bretagne • Brüssel • Budapest • Bulgarien • Burgenland • Burgund • Capri • Chiemgau/Berchtesgaden • China • Costa Brava • Costa del Sol/Granada • Costa Rica • Côte d'Azur • Dänemark • Disneyland Paris • Dolomiten • Dominik. Republik • Dresden • Dubai/Emirate/Oman • Düsseldorf • Eifel • Elba • Elsaß • England • Erzgebirge/Vogtland • Feuerland/Patagonien • Finnland • Flandern • Florenz • Florida • Franken • Frankfurt • Frankreich • Frz. Atlantikküste • Fuerteventura • Galicien/Nordwest-Spanien • Gardasee • Gran Canaria • Griechenland • Griech. Inseln/Ägäis • Hamburg • Harz • Hawaii • Heidelberg • Holland • Hongkong • Ibiza/Formentera • Indien • Ionische Inseln • Irland • Ischia • Island • Israel • Istanbul • Istrien • Italien • Italien Nord • Italien Süd • Ital. Adria • Ital. Riviera • Jamaica • Japan • Java/Sumatra • Jemen • Jerusalem • Jordanien • Kalifornien • Kanada • Kanada Ost • Kanada West • Karibik: Große Antillen • Karibik: Kleine Antillen • Kärnten • Kenia • Köln • Kopenhagen • Korsika • Kreta • Krim/Schwarzmeerküste • Kuba • Lanzarote • La Palma • Leipzig • Libanon • Lissabon • Lofoten • Loire-Tal • London • Luxemburg • Madagaskar • Madeira • Madrid • Mailand/Lombardei • Malediven • Mallorca • Malta • Mark Brandenburg • Marokko • Masurische Seen • Mauritius • Mecklenburger Seenplatte • Menorca • Mexiko • Mosel • Moskau • München • Namibia • Nepal • Neuseeland • New York • Normandie • Norwegen • Oberbayern • Oberital. Seen • Oberschwaben • Österreich • Ostfries. Inseln • Ostseeküste: Mecklbg.-Vorp. • Ostseeküste: Schlesw.-Holst. • Paris • Peking • Peloponnes • Pfalz • Polen • Portugal • Potsdam • Prag • Provence • Rhodos • Rom • Rügen • Rumänien • Rußland • Salzburg/Salzkammergut • San Francisco • Sardinien • Schottland • Schwarzwald • Schweden • Schweiz • Seychellen • Singapur • Sizilien • Slowakei • Spanien • Spreewald/Lausitz • Sri Lanka • Steiermark • St. Petersburg • Südafrika • Südamerika • Südengland • Südkorea • Südsee • Südtirol • Sylt • Syrien • Taiwan • Teneriffa • Tessin • Thailand • Thüringen • Tirol • Tokio • Toskana • Tschechien • Tunesien • Türkei • Türk. Mittelmeerküste • Umbrien • Ungarn • USA • USA: Neuengland • USA Ost • USA Südstaaten • USA West • Usedom • Venedig • Vietnam • Wales • Die Wartburg/Eisenach und Umgebung • Weimar • Wien • Zürich • Zypern • Die 30 tollsten Ziele in Europa • Die tollsten Hotels in Deutschland • Die tollsten Restaurants in Deutschland

Die Marco Polo Redaktion freut sich, wenn Sie ihr schreiben:
Marco Polo Redaktion, Mairs Geographischer Verlag
Postfach 31 51, D-73751 Ostfildern

Unsere Autoren haben nach bestem Wissen recherchiert. Trotzdem schleichen sich manchmal Fehler ein, für die der Verlag keine Haftung übernehmen kann.

Titelbild: Holzschnitzer (Anzenberger)

Fotos: Lade: Blume (78), Ihlow (29), Kiesling (84), Ott (63);
Lange (7, 13, 16, 18, 30, 35, 37, 44, 65); Mauritius: Mehlig (4), Otto (58, 74); Steffens: Brehm (54);
Schuster: Meier (32); Timmermann (46, 90), Timmermann/Boldt (14, 50);
Wurlitzer (10, 20, 24, 57, 72, 83, 87, Anreise)

Lektorat: Dorothea Heintze
Gestaltung: Thienhaus/Wippermann (Büro Hamburg)
Kartographie: Mairs Geographischer Verlag

Printed in Germany
Gedruckt auf 100% chlorfrei gebleichtem Papier

INHALT

Entdecken Sie das Erzgebirge und das Vogtland!

Von zahlreichen Aussichtstürmen bieten sich weite Blicke auf das Grenzgebirge zwischen Sachsen und Böhmen und das sich westlich anschließende Vogtland

Das Erzgebirge trägt den liebevollen Beinamen »Weihnachtsland«. Denn nirgendwo anders in Deutschland erstrahlen Städte und Dörfer in den letzten Wochen des Jahres in solchem Lichterglanz, sind so viele Sitten und Bräuche mit dieser Zeit verbunden. Ihren Ursprung haben sie im Bergbau: Das Licht ist für den Bergmann seit jeher ein Zeichen für Leben und Hoffnung, für Geborgenheit und Glück. Früh, noch vor Sonnenaufgang, fuhr er ins Dunkle ein, und wenn er abends heimkehrte, war es meist schon wieder Nacht. Statt »guten Tag« wünschte man sich ein »Glück auf«, das zum Bergmannsgruß wurde und unter den Männern noch heute gebräuchlich ist.

Der Bergbau hat aber nicht nur das Weihnachtsfest geprägt, er hat das Erzgebirge seit 800 Jahren vielfältig geformt. Im wahrsten Sinne des Wortes. Zum ersten Mal ertönte das »Bergkgeschrey« Mitte des 12. Jhs., dreihundert Jahre später brach ein regelrechtes Silberfieber aus. Eine alte Urkunde verrät, die Menschen seien »wie zu einer Wallfahrt« gekommen, um ihr Glück zu versuchen. Maulwürfen gleich wühlten sie Gänge in die Erde. Etliche davon blieben erhalten. Sie ziehen in unseren Tagen wieder Tausende Touristen an, die in die Berge steigen oder fahren, um sich in den heutigen Schaubergwerken einen Eindruck vom schweren Bergmannsleben zu verschaffen.

Der Bergbau hat das Erzgebirge im späten Mittelalter zu einer reichen Gegend in Deutschland gemacht. Welch ein Glück für jene, die in unseren Tagen in dieser Region auf den Tourismus setzen. So können neben schöner Natur und historischen Bergbauanlagen auch gewaltige Hallenkirchen, reichgeschmückte

Mit einer kleinen achteckigen Kirche schmückt sich das Spielzeugmacherdorf Seiffen

Bürgerhäuser und wehrhafte Dorfkirchen präsentiert werden. Die in Zwickau beginnende 230 km lange Touristen-Silberstraße verbindet heute die traditionsreichsten Städte und Dörfer mit der sächsischen Landeshauptstadt Dresden.

Noch einmal lebte der Bergbau nach dem Zweiten Weltkrieg auf. Die Wismut AG, in der viele Jahre die Russen das alleinige Sagen hatten, schürfte gnadenlos nach Uran. Sichtbare Zeichen der Wismut-Zeit sind riesige Abraumhalden, vor allem bei Aue und Johanngeorgenstadt. Durch viel Grün sind die von Menschenhand geschaffenen Berge mittlerweile kaum noch als Hinterlassenschaft des Wismut-Bergbaus erkennbar.

Die höchsten und schönsten Berge jedoch hat die Natur geschaffen. Auf mindestens zwei Dutzend von ihnen zwischen Schönberg im Vogtland und Altenberg im Osterzgebirge wurden Aussichtstürme errichtet. Bei schönem Wetter bieten sie herrliche Fernsichten auf sanftwellige Höhen, aufgesetzte Kuppen, langgestreckte oder tiefeingeschnittene Täler. Und auf stille Dörfer mit gastfreundlichen Menschen. Die Erzgebirgler und Vogtländer sind kontaktfreudig und aufgeschlossen, sie haben ein regelrechtes Faible für Gemütlichkeit.

Die Erzfunde gaben dem Grenzgebirge zwischen Sachsen und Böhmen seinen Namen. Auf einer Länge von 130 km und einer durchschnittlichen Breite von 35 km zieht sich das Erzgebirge vom Auersberg im Westen bis zum Geisingberg im Osten hin. Es erstreckt sich bis in die Tschechische Republik, wo es den Namen Krusné hory trägt. »Die ganze Gegend sieht aus wie ein bewegtes Meer von Erde«, soll Heinrich von Kleist notiert haben. Die Einheimischen sprechen vom »Huckelkuchen«. Das sich westlich anschließende Vogtland kam durch die einzigartige Machtfülle kaiserlicher Reichsvögte zu seinem Namen. Das war vor mehr als sieben Jahrhunderten. Seine politische Selbständigkeit verlor das Gebiet in der zweiten Hälfte des 16. Jhs. Als Landschaftsbezeichnung blieb der Name Vogtland für die südwestlichste Ecke Sachsens und eine kleine Region im Osten Thüringens um Greiz und Zeulenroda erhalten. Reminiszenz an die nur von 1248 bis 1373 dauernde Herrschaft der Weidaer Vogtlinie über Hof und das Regnitzland sind das Autobahndreieck Bayerisches Vogtland und das gleichnamige Museum in Hof.

Blumenübersäte Berg- und Feuchtwiesen, Fluß- und Bachtäler, geheimnisvolle Hochmoore, dunkle Bergmischwälder – um diese Landschaft zu erhalten, entsteht gegenwärtig der Naturpark Erzgebirge/Vogtland. Er wird sich als breites Band vom Vogtlandort Schönberg bis Holzhau im Osterzgebirge hinziehen. Siebzig Prozent der Fläche nimmt Wald ein, von dem die ungefilterten Industrieabgase aus der Tschechischen Republik manches Stück töteten.

Pyramiden, Räuchermännchen, Lichterengel und Schwibbögen aus Seiffen, Olbernhau und anderen Orten haben den Namen Erzgebirge in die Welt getragen. Die kleinen Kunstwerke sind wegen ihrer Vielfalt

Die Zschopau im gleichnamigen Ort Zschopau

und Qualität begehrt, zur Weihnachtszeit schmücken sie die Fenster und Stuben in vielen Ländern. Mit dem Niedergang des Bergbaus mußten sich die Menschen neue Erwerbsquellen suchen. Schnitzen und Drechseln, bisher Freizeitbeschäftigung, wurde nun zum Broterwerb. In Seiffen entwickelte Wilhelm Friedrich Füchtner mit dem bunt bemalten Königstyp jenen bärbeißigen Nußknacker, der wohl am meisten gefällt. Begehrt wurden auch die erzgebirgischen Posamente, hierzulande unentbehrliches Beiwerk modischer Kleidung (Borten, Schnüre und Quasten). Um 1870 war Annaberg einer der ersten Posamentenhandelsplätze der Welt. Worauf heute noch stolz verwiesen wird: Die USA unterhielten in Annaberg ein Konsulat und Firmen aus Annaberg und Buchholz Vertretungen in Paris, London und Mailand. Zu Ruhm gelangten ebenfalls die Klöppeleien. Sogar Rußlands Zar Peter I. fand bei seinem Besuch 1712 in Annaberg Gefallen an den filigranen Kostbarkeiten. Er überredete einige der Spitzenklöpplerinnen, mit in sein Land zu kommen; seitdem klappern die Klöppel vor allem in Wologda bei Moskau, einem russischen Zentrum der Handwerkskunst. Im vogtländischen Musikwinkel singt und klingt es das ganze Jahr über und das seit 1677, als sich Geigenbauer zur ersten Innung zusammenschlossen. Die vollen Auftragsbücher in unseren Tagen belegen: Musikinstrumente aus dem Vogtland sind nach wie vor in der Welt gefragt. Denn es sind Spitzeninstrumente, gespielt von international anerkannten Solisten.

Erzgebirge und Vogtland haben zu allen Jahreszeiten ihren Reiz. Im Winter, wenn die Fichten sich unter ihrer zentnerschweren weißen Last biegen; im Frühling, wenn Krokusse und Rhododendron blühen; im Som-

Geschichtstabelle

1168
Beginn der ersten Blütezeit des Bergbaus durch Silberfunde in Freiberg

1254
Der Name Vogtland wird erstmals genannt

1471
Mit Silberfunden in Annaberg und Schneeberg beginnt die zweite Blütezeit des Bergbaus

1553
Kurfürst August übernimmt die Regentschaft und führt Sachsen zu wirtschaftlichem Aufschwung

1602
Bildung des »Vogtländischen Kreises« mit Plauen als Verwaltungssitz

1677
Gründung der ersten Geigenmacherinnung Deutschlands in Markneukirchen

1694
August der Starke, Sachsens berühmtester Kurfürst, übernimmt die Macht

1699
Erstmals werden Erzeugnisse aus dem Spielzeugmacherdorf Seiffen auf der Leipziger Messe angeboten

1765
Gründung der Bergakademie Freiberg als erste Technische Hochschule Deutschlands, heute die älteste montanwissenschaftliche Hochschule der Welt

1806
Sachsen wird Königreich

1838
Beginn des Steinkohleabbaus im Zwickau-Lugau-Oelsnitzer Gebiet, der 1977 eingestellt wird

1918
Unruhen während der Novemberrevolution, Sachsens König Friedrich August III. dankt ab

1920
Der Freistaat Sachsen gibt sich eine demokratische Verfassung

1945
Schwere Zerstörungen durch anglo-amerikanische Bombenangriffe auf Chemnitz und Plauen; die US-Armee besetzt im Mai das Vogtland und das westliche Erzgebirge. Diese Regionen werden im Juli an die Sowjetarmee übergeben

1949
Gründung der DDR

1952
Auflösung der Länder: Das östliche Erzgebirge und Freiberg kommen zum Bezirk Dresden; das mittlere und westliche Erzgebirge sowie Zwickau und das sächsische Vogtland zum Bezirk Karl-Marx-Stadt; das thüringsche Vogtland zum Bezirk Gera

1990
Neugründung der Länder: Das Erzgebirge und das sächsische Vogtland kommen zum Freistaat Sachsen, das thüringische Vogtland zum Bundesland Thüringen

mer, wenn es in den dunkelgrünen Wäldern nach Harz und Moos riecht; und im Herbst, wenn Pilze reichlich sprießen, rote Ebereschen an den Straßenrändern leuchten, und in den Tälern Nebel wallen. Die schönste Zeit ist aber unbestritten die um Weihnachten. Bereits vor dem ersten Advent werden Engel, Schwibbögen und Bergmänner aufgestellt, ganze Räuchermännl-Kompanien halten in den Stuben Einzug. Tausende von Kerzen leuchten aus den Fenstern in die Dunkelheit, in den Vorgärten stehen kerzenbestückte Weihnachtsbäume, und auf Plätzen drehen sich meterhohe beleuchtete Pyramiden. Die ersten Freilandpyramiden wurden Anfang der dreißiger Jahre in Aue, Frohnau und Schwarzenberg aufgestellt, mehr als zweihundert sind es gegenwärtig im gesamten Erzgebirge. Als Vetter des erzgebirgischen Lichterbergmanns gilt der vogtländische Moosmann, ein kleiner Wicht, der der Legende nach in kleinen Waldhöhlen hausen soll. Lichttragende Moosmänner sollen zum ersten Mal um 1840 in Falkenstein aufgetaucht sein.

Höhepunkt der weihnachtlichen Festlichkeit bildet der Heiligabend, ein Tag mit besonders vielen Traditionen. Pünktlich mit dem sechsten Glockenschlag am Abend versammelt sich die Familie zum Heiligabendessen, alle Kerzen im Zimmer sind angezündet, das beste Porzellan wurde hervorgeholt. Ein Gedeck mehr ist aufgelegt, gedacht für einen Hungrigen, der anklopfen könnte. Nachdem man sich bei den Händen gefaßt und guten Appetit gewünscht hat, wird traditionell das »Neinerlaa« (Neunerlei) aufgetischt. In den Regionen ist die Zusammenstellung unterschiedlich – stets gehören aber Klöße, Bratwurst und Sauerkraut dazu. In die Betten geht's bei den Familien beizeiten, die am ersten Weihnachtsfeiertag zur Christmette wollen. Denn wer sich in der Kirche einen Sitzplatz sichern möchte, muß früh die Stiefel schnüren und in die kalte Winternacht treten. Um 3 Uhr werden meist die Türen der Kirchen geöffnet, zwei Stunden später beginnt die Mette. Kalte Füße sind der Preis für einen guten Platz. Im Mittelpunkt der Christmette steht das Krippenspiel. Nicht nur Gläubige besuchen die Christmetten, für viele gehören sie zum kulturellen Bestandteil des Weihnachtsfestes.

Die Mettenschicht war die letzte Arbeitsschicht der Bergleute vor dem Heiligabend, die mit einer Andacht, der »Mette« (Messe), endete.

Leiser Flockenwirbel und sich drehende Pyramiden, flackernder Kerzenschein und Turmblasen, festliche Bergparaden und unter den Füßen knirschender Schnee – die Orte im Erzgebirge und in großen Teilen des Vogtlandes verwandeln sich zur Weihnachtszeit in ein Märchenland. Weihnachten ist hier das Fest der Superlative! Wer einmal dabei war, wird lange von dem weihnachtlichen Zauber, der besonderen Atmosphäre schwärmen. Vorbehaltlos wird er den Worten der Einheimischen zustimmen: »Wenn de Peremed sich dreht, da is be uns derhaam im Arzgebirg de scheenste Zeit!« (Wenn die Pyramide sich dreht, das ist bei uns zu Hause im Erzgebirge die schönste Zeit!)

Von Griebenherden und Hutzenstuben

Wissenswertes über Brauchtum, Sitten und Persönlichkeiten der Region

Agricola, Georgius (1494–1555)
»Vater der Mineralogie« wird der Arzt, Naturforscher und Bergbauwissenschaftler genannt, an den in Sachsen zahlreiche Straßennamen erinnern. Agricola hieß eigentlich Georg Pawer oder Bauer, der damaligen Gepflogenheit folgend hatte er seinen Namen latinisiert. Agricolas 1556 erschienenes zwölfteiliges Hauptwerk »De re metallica, libri XII« war mehr als zweihundert Jahre lang in vielen Ländern das führende Lehrbuch für den Bergbau. Agricola studierte in Leipzig, war Rektor an der sogenannten Großen Schule in Zwickau und studierte danach in Italien weiter. Von 1531 an wirkte er als Stadtarzt in Chemnitz, wo er mehrmals zum Bürgermeister gewählt wurde. Sachsens Kurfürst August verbot die Beisetzung des Katholiken Agricola in der protestantischen Chemnitzer Hauptkirche St. Jakob. Deshalb ist der Gelehrte im Dom zu Zeitz bestattet. Seine Geburtsstadt Glauchau ehrte ihn mit einem Denkmal (1958) im Bahnhofspark.

Biedermeiermöbel aus dem Besitz des Tonschöpfers im Zwickauer Robert-Schumann-Haus

Buckelbergwerk
Ein hölzerner Kasten, der auf dem Rücken (Buckel) getragen wird und in dem sich eine unterirdische Bergwerksanlage im Schnitt befindet. Eine seitlich eingeführte Kurbel setzt über Rollen, Hebel und Drähte die Figuren in Bewegung. Mit den Buckelbergwerken zogen arbeitsunfähig gewordene Bergleute auf Weihnachts- und Jahrmärkte, um sich einige Pfennige zu verdienen. Heute gehören Buckelbergwerke zu den Kostbarkeiten der Erzgebirgsmuseen.

Griebenherd
An die im Vogtland vom 15. bis Ende des 19. Jhs. weit verbreitete Pechsiederei erinnern Griebenherde, auch Pechpfannen genannt. Bis in unser Jahrhundert hinein standen die meist quadratischen, kesselförmig ausgemeißelten Steine mit einer Seitenlänge von 80 cm vor vielen Bauernhäusern. Über den Stein schichtete der Bauer meilerartig verharztes, aufgespaltenes Kie-

fernholz, das er mit Rasenstücken abdeckte, damit es beim Verbrennen nur schwelte. Durch ein Bodenloch floß das für den Hausgebrauch bestimmte Pech in ein daruntergestelltes Gefäß. Als Grieben bezeichnet der Vogtländer kleine Holzstücke. Gut erhaltene Griebenherde liegen im Adorfer Ortsteil Arnsgrün (Nähe des Gehöfts Nr. 4), in Bad Brambach (auf der Oberbrambacher Höhe), in Bad Elster (vor dem Südeingang des Kurhauses) und in Landwüst (am Museum).

Günther, Anton (1876–1937)

Der wohl bekannteste Volksdichter und Heimatsänger des Erzgebirges schrieb rund 150 Lieder in erzgebirgischer Mundart. Am meisten gesungen werden »'s is Feierobnd«, »Of de Barg, do is halt lustig« und der »Schneeschuhfahrermarsch«. Bereits Ende der zwanziger Jahre machte Günther Rundfunk- und Schallplattenaufnahmen. Seine letzte Ruhestätte bekam der Volksdichter auf dem Friedhof seines Geburtsortes Gottesgab (heute Bozi Dar), dem ersten Dorf hinter dem Grenzübergang Oberwiesenthal.

Handklöppeln

Seit dem 16. Jh. wird im Erzgebirge geklöppelt, die älteste Darstellung ist auf einem mehr als 400 Jahre alten Altarbild zu sehen, das das Annaberg-Buchholzer Erzgebirgsmuseum besitzt. Handklöppelspitzen aus dem Erzgebirge gehörten bereits im 17. und 18. Jh. zum Angebot exquisiter Geschäfte in zahlreichen europäischen Ländern. Eng mit der Klöppelkunst verbunden ist der Name Barbara Uttmann (1514–1575). Ihr Grabdenkmal auf dem Annaberger Trinitatisfriedhof trägt die Inschrift »Sie ward durch das im Jahre 1561 von ihr erfundene Spitzenklöppeln die Wohltäterin des Erzgebirges«. In Wirklichkeit erfand die Frau eines reichen Bergherrn und Mutter von zwölf Kindern weder das Klöppeln noch kann sie als Wohltäterin bezeichnet werden. Als geschäftstüchtige Verlegerin nutzte die Uttmann die Not der Menschen aus und ließ sie für wenig Geld für sich klöppeln. 1571 beschäftigte sie mehr als 900 Klöpplerinnen. In der Kleinstadt Elterlein wird Barbara Uttmann auf dem Marktplatz mit einem brunnenartigen Denkmal geehrt.

Den Klöppelsack stopfen sich die Frauen noch heute mit Haferstroh oder Sägespänen selbst. Geklöppelt wird nach dem Klöppelbrief, einem Pappstück oder festen Papierstreifen, auf dem das Muster durch Punkte vorgegeben ist. Der Klöppelbrief wird auf dem Sack befestigt, und in die Punkte steckt die Klöpplerin Stecknadeln, die als Klöppelhilfe die Fäden halten, bis sie verfestigt werden. Die hölzernen Klöppel sind etwa sechs Zentimeter lang, benötigt werden 20 bis 100 Stück.

Hutzenstube

Gesellige Zusammenkünfte, besonders in der Winterzeit, werden Hutzenabend genannt. Es wird erzählt, gesungen, musiziert und gegessen. Einst wurde als Hutzenstube ein Arbeitsraum bezeichnet, in dem sich beispielsweise die Klöpplerinnen der Nachbarschaft trafen. Sie sangen zum Klöppeln und tranken ihr »Tippel« Malzkaffee.

Mosen, Julius (1803–1867)
Der einzige Vogtländer, der literaturgeschichtliche Bedeutung erlangte. Populär wurde Mosen durch volkstümliche Balladen. Sein Roman »Der Kongreß in Verona« (1842) ist dem Freiheitskampf des griechischen Volkes gewidmet. Mosen studierte Jura in Jena und Leipzig, wirkte danach in Markneukirchen und Dresden, ab 1844 als Dramaturg in Oldenburg. In seinem Geburtsort Marieney erinnern an ihn ein Denkmal (1903) und eine Gedenktafel am Nachfolgebau des Geburtshauses.

Postmeilensäule
1713 hatte August der Starke den Auftrag erteilt, das Kurfürstentum karthographisch zu vermessen. Als Wegsteine wurden per kurfürstlichem Dekret von 1721 Postmeilensäulen aufgestellt, die heute beispielsweise noch Bad Elster, Oberwiesenthal, Markneukirchen und Zwönitz zieren. Mit der Vermessung wurde der vogtländische Pfarrer Adam Friedrich Zürner (1679–1742) beauftragt, der den klangvollen Titel »Land- und Grenz-Commissarius« verliehen bekam. An Zürner wird im Museum Schloß Voigtsberg in Oelsnitz erinnert. Die Entwürfe für die Säulen sollen von August dem Starken stammen, vermutlich hat sie aber der Architekt Matthäus Daniel Pöppelmann geschaffen.

Reifendrehen
In Seiffen entstehen aus Holzreifen Tausende von Spieltieren. Aus einer Holzscheibe wird ein Reifen mit Vertiefungen und Erhöhungen gedreht, der nicht erkennen läßt, was die Phantasie des Reifendrehers erdacht hat. Erst wenn der Reifen mit Hammer und Messer gespalten wird, ist das Profil der Tiere im Querformat sichtbar. Ohren, Schwanz und andere Einzelteile werden gesondert gedreht und an die Tierkörper angeleimt. Das Reifendrehen soll nur in Seiffen zu Hause sein. Sorgsam wurde einst darauf geachtet, daß diese Kunstform des Drechselns ein Geheimnis blieb. An den Türen der Reifendreherwerkstätten befanden sich Schilder mit der Aufschrift »Zutritt für Fremde verboten«, und das Innungsstatut verbot das öffentliche Reifendrehen. Zur Blütezeit dieser Handwerkskunst Ende des 19., Anfang des 20. Jhs. reisten jährlich Zehntausende von hölzernen Spieltieren von Seiffen aus in die Welt.

Kurort Oberwiesenthal – Postmeilensäule am Markt

Ries, Adam (1492–1559)
In der Redewendung »das macht nach Adam Riese...« ist uns der berühmteste deutsche Rechenmeister noch heute geläufig. Über dreißig Jahre seines Lebens verbrachte er in Annaberg, wo das Adam-Ries-Museum aus-

Von Annaberg-Buchholz aus brachte Adam Ries dem Volk das Einmaleins bei

führlich über ihn informiert. Der »Churfürstlich Sächsische Hofarithmeticus« hatte im 16. Jh. die Rechenkunst so aufbereitet und vereinfacht, daß sie auch von dem »gemeynen man« verstanden und angewendet werden konnte. Die Rechenbücher von Ries waren in deutscher Sprache und nicht in dem damals weithin verbreiteten, aber für viele unverständlichen Latein verfaßt.

Schubert, Johann Andreas (1808–1870)
Der Vogtländer gehört zu den bedeutenden Ingenieuren des 19. Jhs. Nach seinen Plänen entstanden 1836 die ersten Elb-Personendampfschiffe »Königin Marie« und »Prinz Albert« und 1839 die erste unter dem Namen »Saxonia« in Deutschland gebaute Lokomotive. Von Schubert stammen die Berechnungen für die noch heute imponierenden Eisenbahnbrücken über das Göltzsch- und das Elstertal, an denen sich Gedenktafeln für den Ingenieur befinden. In seinem Geburtsort Wernesgrün steht ein Johann-Andreas-Schubert-Denkmal. Fast vier Jahrzehnte war der Vogtländer an der Königlichen Technischen Hochschule in Dresden tätig.

Schumann, Robert (1810–1856)
Der in Zwickau geborene Komponist des 19. Jhs. schuf vor allem Klavierwerke, allein im Jahr 1840 komponierte er 150 Lieder für Klavier und Singstimme. Besonders fruchtbar war die Zeit ab 1844 in Dresden, in der rund ein Drittel seiner Kompositionen entstand, darunter die große C-Dur-Sinfonie. Schumanns Frau Clara war unter ihrem Mädchennamen Wieck eine bekannte Pianistin. In Zwickau erinnert das Robert-Schumann-Haus mit einer umfangreichen Ausstellung an den Komponisten und seine Frau.

Schwibbogen
Eine beliebte Weihnachtsdekoration im Erzgebirge, die Motive der Volkskunst wie Klöpplerin und Bergmänner zieren. Ursprünglich war der Schwibbogen ein für den praktischen Gebrauch bestimmter bogenförmiger Eisenleuchter, den die Bergschmiede herstellten. Der älteste bekannte Schwibbogen stammt aus dem Jahre 1778. Bis in die dreißiger Jahre des 20. Jhs. waren Schwibbögen fast nur im Gebiet um Johanngeorgenstadt bekannt. 1937 wurde ein Schwibbogen als Signum für eine Volkskunstschau in Schwarzenberg ausgewählt,

danach begann seine Verbreitung. Schwibbögen stehen in fast jeder Wohnung, sie gehören aber auch zu den Ortsbildern. Der wohl größte des Erzgebirges leuchtet auf dem Fastenberg bei Johanngeorgenstadt, er ist 6,5 m hoch und 3,2 m breit.

Silbermann, Gottfried (1683–1753)
45 Orgeln hat Sachsens berühmtester Orgelbaumeister geschaffen, 31 sind erhalten. Silbermanns älteste und mit drei Manualen, 45 Registern und 2676 Pfeifen größte Orgel (1711–14) erklingt bis auf den heutigen Tag im Freiberger Dom. Das Orgelbauerhandwerk erlernte Silbermann bei seinem Bruder Andreas in Straßburg. Sein Geburtshaus im Frauensteiner Ortsteil Kleinbobritzsch ist an einer Gedenktafel zu erkennen, das Museum in Frauenstein trägt seinen Namen.

Stülpner, Karl (1762–1841)
Der Wildschütz wurde zum Anwalt der Armen, vor allem gegen die feudalen Jagdgesetze lehnte er sich auf. Die Obrigkeit konnte Stülpner trotz hoher Kopfprämien nicht fassen. Stülpners Abenteuer, oft legendenhaft verklärt, lieferten Stoff für Erzählungen, Romane, Theaterstücke. Der bekannteste Stülpner-Roman »Der Sohn der Wälder« (1922) stammt von Kurt Arnold Findeisen. In Scharfenstein erinnert ein Gedenkstein an Stülpners Geburtshaus, sein Grab bekam er auf dem Friedhof in Großolbersdorf. Im Heimatmuseum Marienberg sind originale Gegenstände aus dem Besitz des erzgebirgischen Robin Hood zu sehen.

Trabant
Genau 33 Jahre, fünf Monate und 23 Tage lang lief das Kleinauto Trabant vom Band. Der knatternde und stinkende DDR-Zweitakter mit einer Plastekarosse wurde geliebt, beschimpft, belächelt und mit vielen Kosenamen wie »Asphaltblase«, »Fahrpappe« und »Gehilfe« bedacht. Der letzte Trabant, es war der 3 096 099., verließ am 20. April 1991 das Zwickauer Sachsenringwerk. Er wurde nur um die Ecke gefahren – ins Automobilmuseum.

Weihnachtsberg
Kunstvolle Miniaturlandschaften von mehreren Quadratmetern Größe, die vor allem in der Weihnachtszeit aufgestellt werden. Die Weihnachtsberge sind Meisterwerke der Bastelei und des Schnitzens, sie verblüffen durch zahlreiche Figuren, die ein versteckter Mechanismus bewegt. Die ersten Weihnachtsberge entstanden vermutlich im 16. Jh., mit ihnen stellte der schnitzende Bergmann seine Arbeitswelt dar. Ab Anfang des 19. Jhs. erweiterten sich die Motive, sogar orientalische Darstellungen kamen auf. Einen besonders schönen orientalischen Weihnachtsberg zeigt das Museum »Knochenstampfe« in Dorfchemnitz. Bedingt durch die veränderten Lebens- und Wohnverhältnisse werden Weihnachtsberge aus Platzgründen kaum noch in Wohnungen aufgestellt, in der Weihnachtszeit bilden sie Besuchermagnete in vielen Museen. Die schönste Sammlung besitzt das Museum für bergmännische Volkskunst in Schneeberg.

Toppkließ, Getzen und Bröckelkloß

Vielseitig zubereitete Kartoffelgerichte bestimmen den Speisezettel der Regionalküche

Klöße mit Roulade, Sauerbraten oder Kaninchen gehören zum Festessen. Weihnachten beispielsweise ohne Klöße ist undenkbar. Der Erzgebirgler nennt sie »Toppkließ«, der Vogtländer »Griegenifftte«. Sie bestehen aus geriebenen rohen Kartoffeln, deshalb auch als »grüne« oder »rohe« Klöße bezeichnet; nur selten werden etwas gekochte Kartoffeln beigemischt. Noch heute orientieren sich gute Köche bei der Kloßqualität an dem, was am 16. Januar 1898 in der Zeitung »Vogtländischer Anzeiger und Tageblatt« zu lesen war: »Ein richtiger Kloß muß so groß sein wie ein kleiner Kindskopf, hellgrau aussehen, und was die Hauptsache ist, er muß in der Schüssel zittern.« Grüne Klöße sollen 20 Minuten in Salzwasser köcheln und »dann gleich auf den Tisch kommen und gegessen werden, denn durch das Stehen werden sie hart«.

Wird der Kloßteig in der Pfanne gebacken, ergibt das »Getzen« oder »Glitscher«. Unter »Bröckelkloß« versteht der Vogtländer geriebene gekochte Kartoffeln, die mit Salz gewürzt gebacken werden. Zu den Lieblingsgerichten gehören auch saure Flecke (Kaldaunen).

Köstlich schmeckt am Nachmittag der mit Zucker und Zimt bestreute »Aardäppelkuchn«, vor allem wenn er noch warm ist. Das Rezept ist schlicht und einfach: Dem Hefeteig werden gekochte geriebene Kartoffeln beigemengt. Die Eierschecke birgt eine süße Quarkfüllung, »Aschkuchen« heißt ein Rührkuchen, der in einer schüsselartigen Form (dem Asch) gebacken wird.

Die Krönung der Weihnachtsbäckerei ist der Christstollen. Nicht selten wird noch der zu Hause nach alten Familienrezepten zubereitete Teig zum Bäcker gebracht, der ihn formt und in seinen Ofen schiebt. Bei der Menge ist die Hausfrau nicht kleinlich – oft wird der letzte Stollen erst zu Ostern angeschnitten.

Wer zuviel grüne Klöße oder Stollen gegessen hat, dem hilft vielleicht ein »Altenberger Gebirgsbitter« oder ein »Lauterbacher Tropfen«.

Markt in Chemnitz – einer der wenigen Farbtupfer der Stadt

Lichterengel und Nußknacker

Riesengroße Auswahl an gedrechselten Holzfiguren für die Weihnachtszeit

Für die meisten steht von Anfang an fest, was als Souvenir das Erzgebirge verlassen soll: eine Figur für die Weihnachtszeit. Doch wer in Seiffen (oder auch anderen Orten) in Werkstätten oder Geschäfte schaut, stöhnt qualvoll auf. Die Auswahl an handgefertigten Lichterengeln, Schwibbögen, Nußknackern und Räuchermännchen ist riesengroß. Und da ein erzgebirgisches Räuchermännchen vielleicht mit heimischen Räucherkerzchen am besten pafft, sollte ein Päckchen »Original Crottendorfer« nicht vergessen werden. Beliebtes Mitbringsel sind auch in Handarbeit hergestellte Klöppeldecken. Ihren Wert kann nur ermessen, der weiß: 600 Stunden sitzt eine versierte Klöpplerin am Klöppelsack, bis sie eine Decke für einen Wohnzimmertisch fertig hat. Gefragt ist ebenfalls Plauener Spitze, denn was in der Vogtlandstadt angeboten wird, ist garantiert echt. Die Erfindung der maschinengestickten Tüllspitze und Ätzspitze in den achtziger Jahren des vorigen Jahrhunderts verschaffte Plauen Weltruf als Spitzenstadt.

In alle Welt werden die zünftigen Holzfiguren verschickt

Ab Herbst wird »Original Erzgebirgischer Butterstollen« angeboten, das lokale Weihnachtsgebäck. Er ist so verpackt, daß er bis zur Adventszeit nichts von seiner Qualität einbüßt. Den Bauernhasen dagegen gibt es zu allen Jahreszeiten, aber nur im *Café Hartmann* in Freiberg. Lassen Sie sich dort den Beizettel mitgeben, auf dem die Hasen-Geschichte steht: Ein Koch names Bauer soll im 13. Jh. dem Markgrafen und dem Kaplan von St. Martin einen Hasen zum Essen vorgesetzt haben – zur Fastenzeit eine Sünde. Der Kaplan erzürnte sich jedoch zu früh, denn der Hase war (und ist) aus Hefeteig, dem heutzutage Mandeln, Rosinen und Gewürze beigegeben werden. Um welche es sich handelt, bleibt das Geheimnis der Konditoren im *Café Hartmann.*

Zum Shopping empfehlen sich besonders Zwickau und Freiberg mit ihren Bummelboulevards. Geschäfte, die erzgebirgische Volkskunsterzeugnisse in Hülle und Fülle anbieten, gibt es in jeder Stadt.

BERGSTADT ANNABERG-BUCHHOLZ
BERG KNAPP.-UND-
BRÜDERSCHAFT
FROHNAU
GEGRÜNDET 1542

Bergparaden im Kerzenschein

Alte Bräuche der Bergleute und die Weihnachtszeit prägen weitgehend den Festkalender

Wenn im Erzgebirge die Mitglieder der Bergbrüderschaften zu Paraden aufmarschieren, säumen Tausende die Straßen. An der Tracht wird die Berufsstellung erkennbar: Die Steiger sind goldbetreßt, ihre Bergmützen zieren Federbüsche, die Hauer tragen schwarze Kittel und weiße oder gelbe Kniebundhosen. Lautstark blasen und trommeln die Musiker der Bergkapellen. Die Schilder mit den Ortsnamen, getragen von Grubenjungen, sind nur für die Fremden gedacht, denn die Einheimischen können die Bergbrüderschaften an der Tracht und oft auch durch die gespielte Bergmusik mühelos ausmachen. Besonders stimmungsvoll sind die Aufmärsche im Kerzenschein zur Weihnachtszeit. Die Bergbrüderschaften halten Erinnerungen an die große Zeit des Bergbaus wach.

Zur Annaberger Kät, dem größten Volksfest des Erzgebirges, treffen sich Jung und Alt. Die Kät hat Tradition, entstanden ist sie im Zusammenhang mit der Weihe der Annaberger Hospitalkirche 1520. Der kirchliche Charakter ist schon lange verschwunden, die Kät wurde ein weltliches Vergnügen mit Schaustellern und vielen Verkaufsständen, an denen angeboten wird, was kunstfertige Hände im Erzgebirge aus Holz zaubern. Wer den Kätplatz nicht auf Anhieb findet, kann sich von jedem Kind den Weg zeigen lassen, oder er folgt dem Duft der Rostbratwürste – denn auf Holzkohle gegrillte »Roster« gehören zur Annaberger Kät. Die Vogtländer dagegen freuen sich das ganze Jahr über auf die Kirmes, zu der Verwandte, Bekannte und Freunde scharenweise herbeiströmen. Es wird gegessen, gesungen, getanzt, und wenn der Aufbruch naht, gehört es sich, für »die daheim« ein großes Kuchenpaket mitzugeben.

Vor einer großen Bergparade

Im Jahreslauf findet im Erzgebirge und Vogtland eine Fülle von Feiern, Festen und Märkten statt, bei den geselligen und gemütlichen Menschen dieser Region kein Wunder. Eine der größten Feiern neben der Hochzeit bildet der Schulanfang, der in keiner anderen Region Deutschlands mit solchem Aufwand wie im Erzgebirge begangen wird.

FEIERTAGE

Neujahr, Karfreitag, Ostermontag, 1. Mai *(Tag der Arbeit), Himmelfahrt, Pfingstmontag,* 3. Oktober *(Tag der Deutschen Einheit),* 31. Oktober *(Reformationstag), Buß- und Bettag (nur in Sachsen), 1. und 2. Weihnachtsfeiertag.*

BESONDERE VERANSTALTUNGEN

Januar
Wintertreffen der Motorradfans (mit Oldtimern und nagelneuen Maschinen) auf Schloß Augustusburg: *zweites Wochenende.*

Februar
Große Bergparade (mit anschließendem Berggottesdienst) in Johanngeorgenstadt anläßlich der Stadtgründung: *23. Februar.*

Internationaler Kammlauf für Männer, Frauen und Jugendliche von Klingenthal-Mühlleithen über Carlsfeld, Johanngeorgenstadt und zurück: *Ende des Monats.*

Fastnacht
★ *Skifasching am Fichtelberg* in Oberwiesenthal, meist das *Wochenende vor Fastnacht.*

Skifasching findet u. a. auch in Geising, Johanngeorgenstadt, Klingenthal-Mühlleithen und Schöneck statt.

Mai
Musiktage in Klingenthal mit dem Internationalen Akkordeonwettbewerb (ein Leistungsvergleich der Weltspitze im Akkordeonspiel): *eine Woche in der ersten Monatshälfte.*

Internationaler Instrumentalwettbewerb in Markneukirchen mit Teilnehmern aus vielen Ländern (jährlich wechselnd für Blas- und Streichinstrumente; 1996 Blas-, 1997 Streichinstrumente: *zwei Wochen in der ersten Monatshälfte.*

Mai bis September
Vogtländischer Musiksommer (Konzerte, Orgelspiel, Ausstellungen und weitere Kulturveranstaltungen) in verschiedenen Orten.

Juni
Schloß- und Schützenfest in Frauenstein (historischer Markt und Ermittlung des Schützenkönigs): *drittes Wochenende.*

Annaberger Kät in Annaberg-Buchholz (ältestes Volksfest des Erzgebirges): *14 Tage nach Pfingsten.*

Bergstadtfest mit großer Bergparade in Freiberg: *letztes Wochenende.*

Fest der Spielwarenmacher in Seiffen (Markt, Vorführungen, Musik): *letzte Woche.*

Robert-Schumann-Tage in dessen Geburtsstadt Zwickau: *eine Woche im Monat.*

Spitzenfest in Plauen (historischer Markt und Kulturveranstaltungen): *ein Wochenende.*

Juli
★ *Bergstreittag* in Schneeberg (18 Uhr große Bergparade, 19 Uhr Berggottesdienst, anschließend Abschlußkonzert aller Bergkapellen vor dem Rathaus): *22. Juli.*

Bergfest in Markneukirchen (historischer Umzug, Markt, Folklore): *ein Wochenende.*

Juli, August
Festival Mitte Europa im Dreiländereck Sachsen-Bayern-Böhmen (Konzerte, Ausstellungen, Lesungen, Theater, Workshops u. a.)

MARCO POLO TIPS FÜR FESTE

1 Skifasching
Der interessanteste Skifasching findet in Oberwiesenthal statt (Seite 22)

2 Bergmännische Musiktage
Stelldichein bergmännischer Kapellen aus vielen Ländern (Seite 23)

3 Große Bergparaden
Die Auswahl ist groß –der Bergstreittag in Schneeberg dürfte die Nummer Eins sein (Seite 22)

4 Weihnachtsmärkte
Der in Johanngeorgenstadt wird als »Bilderbuchweihnachtsmarkt« bezeichnet (Seite 23)

Marktplatzfest in Oberwiesenthal mit großer Bergparade: *letztes Wochenende.*

Freiberger Musiksommer: Ende Aug., Anfang Sept.

Kirmes (auch noch im September) in vielen Dörfern.

September

★ *Bergmännische Musiktage* im Landkreis Schwarzenberg (bergmännische Kapellen aus dem In- und Ausland und große Bergparade): *zweites Wochenende.*

Holzmarkt in Marienberg (großes Angebot an volkskünstlerischen Erzeugnissen aus der Region): *erstes Wochenende.*

Gottfried-Silbermann-Tage in Freiberg, Frauenstein und anderen Orten (internationaler Orgelwettbewerb, Konzerte auf Silbermann-Orgeln, Ausstellung): alle zwei Jahre (wieder 1997) *eine Woche in der ersten Monatshälfte.*

Freiberger Knappenfest auf dem Gelände der Grube »Alte Elisabeth« (musikalische Veranstaltungen und Bergparade): *ein Wochenende Mitte des Monats.*

Oktober

Brauereifest in Wernesgrün (Musik, Biergarten, Kunsthandwerkerstände): *erstes Wochenende.*

Begegnungen (Internationales Musik- und Theaterfestival) in Chemnitz: *erste Hälfte des Monats.*

Dezember

Weihnachtsmärkte in den Städten Freiberg, Plauen, Schneeberg, Schwarzenberg und Zwickau dauern eine Woche oder auch länger; in kleinen Städten oft nur ein oder zwei Tage an einem *Wochenende.*

★ Der Markt in Johanngeorgenstadt wird als *»Bilderbuchweihnachtsmarkt«* bezeichnet: *3. Advent.*

Lichtelfest in Schneeberg (viele Veranstaltungen und große Bergparade): *2. Advent.*

Große Bergparade in Schwarzenberg: *Sa vor dem 3. Advent.*

Große Bergparade in Annaberg-Buchholz: *3. Advent.*

Parade der Weihnachtsmänner in Stollberg: *3. Advent.*

Weihnachtliches Turmsingen vom Turm der Kirche St. Wolfgang in Schneeberg: *1. Weihnachtsfeiertag 4 Uhr, Christmette: 1. Weihnachtsfeiertag 5 Uhr.*

GLOCKEN
DES
FRIEDENS

Wintersport- und Wanderparadies

Auf stillen Waldwegen zu Aussichtspunkten, Stauseen und Bergwerksanlagen

Wer das Auto stehenläßt und sich in Freital-Hainsberg ins Bähnle setzt, für den wird schon ein Teil der Anreise zum Erlebnis: Über 40 Brücken und ohne Eile dampft Deutschlands dienstälteste Schmalspurbahn ins Osterzgebirge. Dort schlängeln sich 600 km markierte Wanderwege durch Wald, Wiese und Feld, Berge hinauf und wieder hinab. Sie führen in dem Wintersport- und Wanderparadies zu großen und kleinen Sehenswürdigkeiten wie den Stauseen Gottleuba, Klingenberg, Lichtenberg, Lehnmühle und Malter. Zwei von ihnen, den Großen und den Kleinen Galgenteich, gibt es schon seit 1553, beide gehören zu den zahlreichen historischen Bergbauanlagen.

Süßer die Glocken nie klingen – handgefertigt aus Meißner Porzellan im Kurpark von Bärenfels

ALTENBERG

(**Q 4**) 1991 endete die über 550jährige Bergbaugeschichte Altenbergs – der Zinnabbau mußte aus Gründen der Rentabilität eingestellt werden. Zurück blieben die nach 1945 errichteten stadtbildprägenden Anlagen des Arno-Lippmann-Schachtes und der letzte Hunt, der als Denkmal vor dem Rathaus seinen Platz bekam. Zu den traurigen Kapiteln der Stadtgeschichte gehören auch

Hotel- und Restaurantpreise

Hotels
Kategorie 1: über 180 Mark
Kategorie 2: 120 bis 180 Mark
Kategorie 3: unter 120 Mark

Preis pro Nacht für zwei Personen im Doppelzimmer mit Dusche/WC, Frühstück

Restaurants
Kategorie 1: über 22 Mark
Kategorie 2: 15 bis 22 Mark
Kategorie 3: unter 15 Mark

Preis für ein Hauptgericht ohne Vor- und Nachspeise und ohne Getränke

MARCO POLO TIPS FÜR DAS OSTERZGEBIRGE

1 **Weißeritzbahn**
Mit 30 km pro Stunde über 40 Brücken nach Kurort Kipsdorf (Seite 28)

2 **Burgruine Frauenstein**
Herrlicher Blick vom Hauptturm »Dicker Merten« (Seite 28)

die letzten Tage des Zweiten Weltkrieges, in denen über die Hälfte aller Gebäude vernichtet wurde. In den Wintermonaten ist sich die alte in eine sanfte Talmulde eingebettete Bergstadt (3600 Ew.) dem Interesse der Medien sicher. Denn die supermoderne Altenberger Bob- und Rennschlittenbahn ist Austragungsstätte packender internationaler Wettkämpfe.

BESICHTIGUNG

Pinge
1620 dachten die Altenberger, die Welt gehe unter. Mit lautem Getöse stürzte das durch den Bergbau unterhöhlte Gebiet am nördlichen Stadtrand ein. Der Krater mit seinen steilen, bis zu 90 m abfallenden Felswänden und einem Durchmesser von 450 m gilt als der größte seiner Art in Europa. *Geführte Wanderungen: April–Nov. Mi 13.30 Uhr (2 Std.), Beginn Bahnhofsvorplatz*

MUSEUM

Bergbaumuseum
Zu sehen gibt es eine Ausstellung zum erzgebirgischen Zinnerzbergbau und die voll funktionsfähige Pochwäsche, die einst der Zinnerzaufbereitung diente. Unweit davon beginnen die Führungen (45 Min.) in den Neubeschert-Glück-Stollen. *Mo–Do 13–16 Uhr, Sa, So, Feiertage 10–12, 13–16 Uhr, Mühlenstr. 2, Tel. 035056/317 03*

RESTAURANTS

Bergglöck'l
Schmackhafter Mittagstisch. *Mi geschl., Dresdner Str. 21, Tel. 035056/53 02, Kategorie 3*

Waldschenke Altes Raupennest
Gemütlicher Baudenstil, in der Weihnachtszeit Hutzenabende. *Mo, Di geschl., Raupennestweg 5 (oberhalb des Skiliftes), Tel. 035056/23 03, Kategorie 3*

ÜBERNACHTUNG

Lademühle
Ruhige, schöne Lage im 3 km entfernten Ortsteil Hirschsprung. *28 Zi., Bielatalstr. 8, Tel./Fax 035056/42 40, Kategorie 2*

CAMPING

Camping Kleiner Galgenteich
Der höchstgelegene Platz Sachsens, an einem Badeteich mit FKK-Abschnitt. *Ganzjährig geöffnet, Mittagsruhe 13–15 Uhr, Tel./Fax 035056/50 07*

SPIEL UND SPORT

30 km gespurte Loipen, Skilift und Skiausleihe werden den Gästen geboten. Eine Gaudi für Mutige: Auf der 1413 m langen Bob- und Rennschlittenbahn zu Tal rasen; das Vergnügen ist im Winter an Sonntagen möglich, die Bobs steuern erfahrene Piloten. *Auskunft: 035056/ 51 20.* Im Kleinen Galgenteich mit sehr sauberem Wasser bildet eine 50 m lange Wasserrutsche die Attraktion, auf dem Großen Galgenteich wird gerudert. Im Sommer bietet die Rodelbahn am Raupennesthang viel Spaß.

AUSKUNFT

Fremdenverkehrsamt
Platz des Bergmanns 2, 01773 Altenberg, Tel. 035056/42 61, Fax 42 63

ZIELE IN DER UMGEBUNG

Bad Gottleuba (R 3–4)
Schmuck anzuschauen ist das aus 34 Bauwerken bestehende Kliniksanatorium in einer 28 ha großen Waldparkanlage, 1909 bis 1913 entstand es im Jugendstil und in Pavillonbauweise (der Pförtner am Eingang Hauptstraße 39 läßt Sie gern passieren). Die an Schönheit und Ausmaß kaum ihresgleichen findende gepflegte Anlage brachte der Stadt (2200 Ew.) 1937 den Badestatus ein.

Dippoldiswalde (P 3)
Eine der einst zahlreichen Gerbereien blieb erhalten, wurde restauriert und als Lohgerbermuseum eröffnet. *Mo–Fr 10–12, 13–16 Uhr, Sa, So 13–17 Uhr, Freiberger Straße 18, Tel. 03504/612 18.* Beim Besuch der Stadtkirche Str. Marien und Laurentius unbedingt den Blick nach oben richten: Die hölzerne Kassettendecke zeigt 33 Apostel- und Prophetendarstellungen (17. Jh.). Wenn die Osterzgebirgler von »Dipps« sprechen, meinen sie die Stadt Dippoldiswalde (6500 Ew.).

Geising (Q 4)
Beliebter Sommer- und Wintersportort (1600 Ew.). Im 2,5 km entfernten Erlbachtal führt der Silberstollen in den Berg; Schutzkleidung und Geleucht werden bei den Führungen gestellt. *März bis Okt. Di–Fr 13–16 Uhr.* Sächsische und schwäbische (!) Küche bietet die ruhigliegende *Schellhausbaude. 22 Zi., Altenberger Straße 14, Tel./Fax 035056/54 59, Kategorie 2*

Geisingberg (Q 4)
Von der Altenberger Pinge sind es etwa 45 Min. zu Fuß, die Wanderung lohnt: Der Aussichtsturm auf dem Berg (824 m) bietet eine wunderschöne Fernsicht. Stärken können Sie sich auf dem Gipfel in der *Geisingbergbaude. Mi, Do geschl., Tel. 035056/55 55, Kategorie 3*

Kahleberg (Q 4)
Der höchste Berg (905 m) des Osterzgebirges auf deutschem Gebiet. Vom Parkplatz an der Rehfelder Straße werden etwa 20 Min. bis zur schlichten Bergbaude benötigt (die nur Imbißversorgung bietet). *Tel. 035056/42 73*

Kurort Bärenfels (P 4)
Erzgebirgische Heimatlieder erklingen von März bis Nov. im Kurpark: Dort steht seit 1955 ein Meißner Glockenspiel, von

Dez. bis Feb. sind Winter- und Weihnachtslieder zu hören. *Tgl. 9–11, 14–18 Uhr zu jeder vollen Stunde, Okt.–April bis 16 Uhr*

Lauenstein **(Q 4)**
Malerisch liegt das Renaissanceschloß, in dem eine aufschlußreiche Museumsausstellung über den Naturschutz und das Jagdwesen im Osterzgebirge informiert. *Di–So 13–16.30 Uhr, Tel. 035054/5402.* Wahrzeichen des Städtchens (870 Ew.) ist der Falknerbrunnen (1912) auf dem Markt.

Schellerhau **(Q 4)**
Die Dorfkirche von 1591–93 gehört zu den besonders schönen im Osterzgebirge. Stimmungsvoll sind Orgelvespern und zur Weihnachtszeit das Kurrendesingen. Seltene Bergpflanzen wachsen in dem 1906 angelegten *Botanischen Garten. Mai–Okt. Di bis So 9–12, 13–17 Uhr*

Schmiedeberg **(P 4)**
»Kleine Frauenkirche« nennen die Schmiedeberger liebevoll ihre an der B 170 stehende Dreifaltigkeitskirche (1813–16), denn erbaut hat sie Georg Bähr, der Schöpfer der weltbekannten (gegenwärtig wiederentstehenden) Dresdner Frauenkirche.

Weißeritzbahn **(P 2–4)**
★ Mit der Höchstgeschwindigkeit von 30 km/h quält sich die Kleinbahn in die Berge. Der Zug hält u. a. in Malter, Dippoldiswalde und Schmiedeberg, Endhaltestelle ist der Kopfbahnhof von Kurort Kipsdorf; dort bieten sich gute Möglichkeiten, die schwarzen Dampfrösser zu fotografieren.

Zinnwald-Georgenfeld **(Q 4–5)**
Zum *Bergbaumuseum Huthaus* im höchstgelegenen Ort des Osterzgebirges gehören u. a. Betstube und Bergschmiede. *Mo, Mi, Fr 10–12 Uhr, Sa, So 13–16 Uhr.* 500 m weiter beginnt die Führung (1,5 Std.) in den Tiefen-Bünau-Stollen des Besucherbergwerks »Vereinigt Zwitterfeld zu Zinnwald«; Schutzkleidung und Geleucht werden gestellt. *Di–Sa 10–15 Uhr, Teplitzer Straße 12, Tel. 035056/31344.* Das Naturschutzgebiet Georgenfelder Hochmoor, das sich über die Grenze nach Böhmen erstreckt, ist auf deutschem Gebiet auf einem 1200 m langen Knüppeldamm begehbar. Eine Schwimmhalle mit 26 Grad C warmem Wasser bietet das *Hotel Lugsteinhof. 75 Zi., Tel. 035056/3650, Fax 36555, Kategorie 2*

FRAUENSTEIN

(P 4) Ein kleines adrettes Städtchen (1300 Ew.) in landschaftlich schöner Lage. Weithin bekannt wurde es durch Gottfried Silbermann: Der berühmteste sächsische Orgelbaumeister kam im Haus Dorfstraße 4 (im Stadtteil Kleinbobritzsch) zur Welt, im Haus Hayngasse 102 verbrachte er seine Jugendjahre.

BESICHTIGUNG

Burgruine Frauenstein
★ Sachsens größte mittelalterliche Burgruine. »Dicker Merten« heißt der Hauptturm. Ruine wurde die Grenzburg der Markgrafen zu Meißen beim großen Stadtbrand 1728. *Mai–Okt. tgl. 9–17 Uhr*

MUSEUM

Gottfried-Silbermann-Museum
Die einzige museale Gedenkstätte in Deutschland, die über einen Orgelbauer informiert. Das wertvollste Stück seit 1994: Ein Nachbau jener Orgel, die Silbermann für die Kirche im sächsischen Etzdorf fertigte und die sich seit 1939 in der Krypta des Bremer Doms befindet. *Mai bis Okt. tgl. 9–17 Uhr, Nov.–April 9–12, 13–16 Uhr, Sa, So 10–12, 13–16 Uhr, Tel. 037326/12 24*

ÜBERNACHTUNG/RESTAURANTS

Frauensteiner Hof
Gemütliche Gasträume und gute Küche. *23 Zi., Freiberger Straße 22, Tel. 037326/13 38, Fax 91 15, Kategorie 2*

Goldener Stern
Zentrale Lage, behagliches Restaurant. *26 Zi., Markt 21, Tel. 037326/12 21, Fax 94 03, Kategorie 3*

Jugendherberge
Ruhig am bewaldeten Stadtrand liegend. *77 Betten, 3 Familienzimmer, Walkmühlenstraße 13, Tel. 037326/13 07, Kategorie 3*

AUSKUNFT

Fremdenverkehrsamt
09623 Frauenstein, Markt 28, Tel. 037326/93 35, Fax 13 06

ZIELE IN DER UMGEBUNG

Dorfchemnitz (O 4)
Bis 1933 glühte das Schmiedefeuer in dem wasserradangetriebenen Hammerwerk des Dorfes. Die beiden Hämmer haben ein Gewicht von 150 bzw. 300 kg. *Di bis Sa 9–11, 13–15.30 Uhr, Mai bis Okt. auch So 13–16 Uhr, Hauptstraße 11, Tel. 037320/237*

Burgruine Frauenstein

Nassau (P 4)
Wie ein Magnet wirkt die kleine spätgotische Dorfkirche auf Kunst- und Musikinteressierte. Der Grund: Die von Gottfried Silbermann 1748 erbaute Orgel, auf der Konzerte ein Ohrenschmaus sind.

Reichenau (P 4)
Ein typisches Denkmal ländlicher Produktionsweise stellt die Weicheltmühle dar. Die Futterstampfmühle mit Wasserantrieb (1807) war bis 1974 in Betrieb. *Do bis Di 10–17 Uhr, Tel. 037326/235*

Talsperre Malter (P 3)
Rudern, Surfen, Angeln und Baden. Wegen ihrer Nähe zur Landeshauptstadt wird die Talsperre »Badewanne Dresdens« genannt. Empfehlenswert: *Hotel-Restaurant Paulsdorf* (am Westufer). *10 Zi., Mittagstisch nur Sa, So, Tel./Fax 03504/61 21 70, Kategorie 2*

Mit der Dampflok zum Fichtelberg

Die Heimat des bärbeißigen Nußknackers und filigraner Klöppelarbeiten

Ausgedehnte Waldgebiete auf den Hochflächen und tiefeingeschnittene Täler mit grünen Wiesen verführen regelrecht zu Spaziergängen und Wanderungen. Schaubergwerke gestatten Einblicke in das schwere Bergmannsleben unter Tage, Hammerwerke lassen erahnen, wie mühevoll früher Metalle verarbeitet wurden. Die Bergstädte Annaberg-Buchholz und Marienberg künden mit ihren prächtigen Sakral- und Bürgerbauten vom Wohlstand, den ihnen der sächsische Bergbau bescherte. Beeindruckend sind die wehrhaften Kirchen in vielen Dörfern, die den Menschen im Mittelalter in Kriegen oder bei Überfällen als Zufluchtsstätte dienten. Dörnthal, Großrückerswalde, Mauersberg und Lauterbach haben solche Kirchen. Die in Pfaffroda, Forchheim und Zöblitz zählen Silbermannorgeln zu ihren Schätzen. In vielen Orten zaubern wie vor Jahrhunderten Schnitzer und Drechsler aus dem Holz der Wälder kleine Kostbarkeiten, die zu Weihnachten die Region in eine lichterüberflutete Märchenlandschaft verwandeln. Durch die bewaldete Landschaft des oberen Erzgebirges zuckeln dampfend und stöhnend Schmalspurzüge, Oberwiesenthal am Fuße des Fichtelberges ist ihr Ziel, das bedeutendste Wintersportgebiet der Region. Frostfreie Tage gibt es in Oberwiesenthal im Durchschnitt nur 137, auf dem Fichtelberg sogar nur 117, das garantiert gute Wintersportbedingungen. Die Anlagen am Fichtelberg sind häufig Austragungsort internationaler Wettkämpfe.

Ski und Rodel gut in Oberwiesenthal, dem beliebtesten Wintersportort im Erzgebirge

ANNABERG-BUCHHOLZ

(**H 2–3**) Stadt des Silberbergbaus, der filigranen Spitzenklöppeleien und der Posamenten. Annaberg und Buchholz, seit 1945 vereint (24 000 Ew.), erstrecken sich mit ihren engen Gäßchen beiderseits des Sehmatals. Die große wirtschaftliche Vergangenheit hat ehrwürdige Bauwerke hinterlassen, so die St.-Annen-Kirche, die größte und bedeutendste spätgo-

Das Sterngewölbe in der St.-Annen-Kirche in Annaberg-Buchholz

tische Hallenkirche Obersachsens. Wer pflastermüde ist, hat in wenigen Minuten die weiten Wälder in der nahen Umgebung erreicht, wo tief durchgeatmet werden kann. Die Ziele lassen sich am nördlichen Stadtrand gut vom 32 m hohen Aussichtsturm auf dem Pöhlberg abstecken, bekannt durch Basaltsäulen, deren charakterische Form ihnen die volkstümliche Bezeichnung Butterfässer eintrug.

BESICHTIGUNGEN

Denkmal Friedrich des Weisen

Eine Art Widerstandsdenkmal: Im Ersten Weltkrieg sollte die Bronzestatue eingeschmolzen werden, der Stadtrat verweigerte die Herausgabe. Der Stadtgründer schaut in der Tracht der damaligen Zeit voller Würde auf den Rathausplatz im Stadtteil Buchholz.

Marktplatz

Häuser aus dem 18. und 19. Jh. mit meist steilen Satteldächern umgeben den 90 mal 100 m großen Platz. An der Nordseite steht beherrschend das Rathaus, das sein heutiges Aussehen 1751 bekam.

St.-Annen-Kirche

★ Ein Meisterwerk der spätgotischen Architektur! Die Innenausstattung der großen Hallenkirche (1499–1525) geizt nicht mit sakralen Kunstwerken. Sogar die Rückseite des Bergaltars ist interessant: Vier Bildtafeln von Hans Hesse schildern den mittelalterlichen Bergbau. *Mo–Sa 10–11.30, 14–16 Uhr, So 14–16 Uhr, Juni bis Sept. Sa 16.30 Uhr Vespermusik. Große Kirchgasse*

MUSEEN

Adam-Ries-Museum
Wohn- und Schulgebäude des berühmten Rechenmeisters. Auf der Sonderbriefmarke der Bundespost zum 500. Geburtstag 1992 wurde dem Namen fälschlicherweise ein »e« (Riese) angehängt. *Di–So 9–12.30, 13–16 Uhr, Johannisgasse 23, Tel. 03733/221 86*

Besucherbergwerk
Mitten im historischen Stadtkern werden Sie durch ein etwa 500 Jahre altes Silberbergwerk geführt. *Sa–Do 10–17 Uhr, Große Kirchgasse 16 (im Hof des Erzgebirgsmuseums)*

Erzgebirgsmuseum
Kunst aus der Zeit des Silberbergbaus, Interessantes aus der Geschichte des Bergbaus, des Posamentiergewerbes und Spitzenklöppelns. *Sa–Do 10–17 Uhr, Große Kirchgasse 16, Tel. 03733/234 97*

RESTAURANT/CAFÉ

Alter Wehrturm
Restaurant in einem historischen Wehrturm der Stadtbefestigung. *Do Ruhetag. Scherbank 34, Tel. 03733/232 78, Kategorie 3*

Ratskeller
Italienische und internationale Küche. *Markt 1, Tel. 03733/222 22, Kategorie 2*

EINKAUFEN

Der Fußgängerboulevard vom Markt bis zum Theater lädt zum Bummeln ein. Erzgebirgische

MARCO POLO TIPS FÜR DAS MITTLERE ERZGEBIRGE

1 **St.-Annen-Kirche**
Ein Meisterwerk der spätgotischen Architektur in Annaberg-Buchholz (Seite 32)

2 **Frohnauer Hammer**
Blasebälge fauchen, und Eisenhämmer dröhnen (Seite 35)

3 **Greifensteingebiet**
Vielseitige Freizeitvergnügen: Baden, Segeln, Surfen, Wandern, Theaterbesuch und gutes Essen (Seite 36)

4 **Erzgebirgsbahn**
Mit dampflokgezogenen Schmalspurzügen zum Wintersportzentrum Oberwiesenthal (Seite 37)

5 **Wintersportanlagen**
Packende Skisprungwettkämpfe am Fuße des Fichtelberges (Seite 38)

6 **Seiffen**
Das Spielzeugmacherdorf des Erzgebirges (Seite 39)

Die lange Schicht

Ein Denkmal in Ehrenfriedersdorf erinnert an die »lange Schicht« des Oswald Barthel, der im Jahre 1508 bei einem Bergwerksunglück am Sauberg verschüttet wurde. Genau 60 Jahre später fand man seinen unverwesten Leichnam. An der feierlichen Beisetzung nahmen Hunderte aus der Umgebung teil. Pfarrer Raute sagte in seiner Grabrede: »Heute begrab ich einen, der 35 Jahre vor meiner Geburt gestorben ist.« Um die »lange Schicht« ranken sich im Erzgebirge zahlreiche Legenden.

Volkskunst gibt es in großer Auswahl.

ÜBERNACHTUNG

Berghotel Pöhlberg
Etwa 2,5 km vom Stadtzentrum entfernt in ruhiger Lage auf dem Pöhlberg (832 m). Restaurant mit erzgebirgischer Küche. *14 Zi., Tel. 03733/183 20, Kategorie 2*

Goldene Sonne
Familiengeführtes Haus, 5 Min. zu Fuß bis zum Marktplatz. *26 Zi., Adam-Ries-Straße 11, Tel. /Fax 03733/221 83, Kategorie 3*

Landhotel Forsthaus
An der B 101 vor dem Ortseingang des Stadtteils Buchholz, Einrichtung in rustikalem Ambiente. *17 Zi., Schneeberger Straße 22, Tel./Fax 03733/660 17, Kategorie 1 (Sa, So Kategorie 3)*

AM ABEND

Beliebt sind in der St.-Annen-Kirche die Sommermusiken *(Juni bis Sept. 14tägig Mi 19.45 Uhr)* und die Adventsmusiken. Das *Eduard-von-Winterstein-Theater, Buchholzer Straße 67,* ist ein Mehrspartentheater. *Disko* Fr, Sa 20–4 Uhr im Ratsherrenbad, *Fleischerplatz 4,* junge Leute treffen sich Fr, Sa in der *Diskothek Marx, Straße der Einheit 17.* Um 17 Uhr öffnet das *Papperla Bub, eine gemütliche Altstadtkneipe mit interessanten Veranstaltungen, oft bis 3 Uhr nachts. Magazingasse 1a, Tel. 03733/256 93*

AUSKUNFT

Tourist-Information
Rathaus (Eingang Wolkensteiner Straße) 09456 Annaberg-Buchholz, Tel. 03733/42 51 39, Fax 42 51 38

ZIELE IN DER UMGEBUNG

Bärenstein **(H 3)**
Es ist nicht unbedingt erforderlich, die 100 Stufen im Aussichtsturm nach oben zu steigen. Vom Rundweg auf dem Gipfel des Bärensteins (898 m) können Sie bei guter Sicht ebenso den Fichtelberg, den Keilberg und das Greifensteingebiet erkennen. Das Restaurant des *Berghotels* bietet schmackhafte und preiswerte Küche. *20 Zi., Tel. 037347/334, Kategorie 3*

Drebach **(H 2)**
Ein blauer Teppich wird jedes Jahr im März und April ausgebreitet: Tausende von Krokussen blühen auf den Wiesen nördlich

des Dorfes, »Nackte Jungfern« genannt, da die Blüten ohne viel Grün aus dem Boden sprießen. Das Pflücken der Blumen ist verboten, die Wiesen sind als Flächennaturdenkmal geschützt.

Ehrenfriedersdorf **(H 2)**
Nach über 700 Jahren endete 1990 der Zinnbergbau am Sauberg in Ehrenfriedersdorf (6100 Ew.). Die Zinngrube wurde Schaubergwerk, die Seilfahrt führt in 200 m Tiefe. *Führungen (2,5 Std., Mindestalter 10 Jahre) Di–Sa 9 und 13 Uhr.* Voranmeldung wird gewünscht, um Gruppen von mindestens 10 Pers. zusammenzustellen. *Tel./Fax 037341/25 57, Fax 20 80.* In dem angeschlossenen *Mineralogischen Museum* stehen Mineralien zum Kauf bereit. *Di–So 10 bis 16 Uhr.* Das vom Sauberg in die Stadt umgesetzte Oswald-Barthel-Denkmal erinnert an die »lange Schicht« des Bergmanns Barthel, der 1508 verschüttet und 60 Jahre später unverwest ausgegraben wurde. Der sechsflügelige Schnitzaltar (1507) von Hans Witten in der St. Niklaskirche wird von Kunstwissenschaftlern als der bedeutendste mittelalterliche Altar im Erzgebirge bezeichnet.

Frohnau **(H 2–3)**
★ Das Technische *Museum Frohnauer Hammer* gehört zu den Besuchermagneten im Erzgebirge. Wie in vergangenen Zeiten fauchen hier mächtige Blasebälge, drehen sich Wasserräder und pochen dröhnend die schweren Eisenhämmer. Der größte von ihnen schlägt 20- bis 40mal pro Minute. Dem Museum angeschlossen ist eine Volkskunstgalerie und das Herrenhaus mit der Wohnung der letzten Hammerherrn. *Führungen (60 Min.) tgl. 9–11.45 Uhr, 13–16 Uhr, Sehmatal-*

Im Technischen Museum Frohnauer Hammer, das alljährlich Tausende Besucher anzieht, kann man beim Schmieden zusehen

straße 3. Im *Besucherbergwerk Markus Röhling Stolln* fahren Sie fast 630 m mit der Grubenbahn in den Berg, die Temperatur beträgt sommers wie winters 8 bis 10 Grad C. Schutzhelm und Umhang werden gestellt. *Führungen (Dauer 1 Std.) Mi–So 9–16 Uhr, Sehmatalstraße 15.* Zu den stimmungsvollsten Gaststätten der Region gehört die im Herrenhaus des Frohnauer Hammers. *Sehmatalstraße 3, Tel. 03733/ 221 07, Kategorie 2*

Gelenau **(H 1)**

Das *Deutsche Strumpfmuseum* stillt den Wissensdurst jener, die sich über die bodenständige Strumpfindustrie informieren möchten. *Sa 9–13 Uhr, Rathausplatz 1, Tel. 037297/72 51.* Seit der ersten Hälfte des 18. Jhs. werden in Gelenau Strümpfe hergestellt, 1945 gab es 39 Strumpfbetriebe, auch heute noch nimmt diese Industrie in der Gemeinde einen bedeutenden Platz ein.

Geyer **(H 2)**

1803 stürzten letztmalig die riesigen Weitungen des Zinnbergwerkes am Geyersberg zusammen, zurück blieb ein 50 m tiefer Einbruchstrichter von 200 mal 250 m Größe, das Naturdenkmal Pinge. Lebensgefährlich kann es werden, wenn Sie die ausgeschilderten Wege verlassen! Der 42 m hohe Wachtturm vor der St.-Laurentius-Kirche beherbergt das Heimatmuseum. *Di–So 9–12, 13 bis 16 Uhr, Tel. 037346/244*

Greifensteingebiet **(H 2)**

★ Klettervergnügen bieten die Greifensteine, sieben stark zerklüftete Granitfelsen. Vom 30 m hohen Aussichtsfelsen besteht ein herrlicher Rundblick über das mittlere Erzgebirge. Rudern, segeln und surfen können Sie auf dem Greifenbachstauweiher, von den Einheimischen Geyerscher- oder Großer Teich genannt. Der von Bergleuten vor Jahrhunderten angelegte Waldsee bietet auch Badevergnügen. Auf der Naturbühne mit 1700 Plätzen gastiert in den Sommermonaten das Eduard-von-Winterstein-Theater aus Annaberg-Buchholz. Das *Bergbau- und Greifensteinmuseum* hat geöffnet: *Di–So 10–17 Uhr, Juli, Aug. tgl., Greifenstraße 44.* Neben dem Museum weisen Schilder zur Stülpner-Höhle. Das Mundloch des alten Bergbaus soll dem erzgebirgischen Volkshelden eine Zeitlang als Unterschlupf gedient haben. Wer sich nach den vielen Erlebnissen stärken möchte: *Gaststätte Teichschänke, Thumer Straße 67, Tel. 037346/61 16, Kategorie 3.* Vorzüglich schmeckt das zarte Wildhasenfilet mit gebratenen Wildpilzen und Herzoginnenkartoffeln.

Scheibenberg **(H 3)**

»Orgelpfeifen« nennt der Volksmund die 40 m hohen Basaltsäulen des Scheibenberges (807 m) nahe der gleichnamigen Stadt (2500 Ew.). Vom 1994 wiedererrichteten 28 m hohen Aussichtsturm haben Sie einen wunderschönen Rundblick. Im Städtchen, in der Pilsstube Petersburg, Sa Live-Musik (der Wirt spielt selbst Jazz). *Mo geschl., Markt 3, Tel. 037349/81 89, Kategorie 3.* Ein eigenwillig gestaltetes Schmuckstück stellt das modernisierte *Hotel Sächsischer Hof* direkt am Marktplatz dar. *23 Zi., Tel./ Fax 037349/302, Kategorie 2*

KURORT OBERWIESENTHAL

(**H 4**) Deutschlands höchstgelegene Stadt (914 m) und zugleich beliebtestes Wintersportzentrum des Erzgebirges. Bereits 1911 fanden in Oberwiesenthal (3500 Ew.) am Fuße des Fichtelberges Deutsche Skimeisterschaften statt. Das Skigebiet reicht bis in den Ort hinein, so daß lange Wege wegfallen. Zum Fichtelberg schwebt eine Kabinenbahn, die sich rühmen kann, die älteste in Deutschland zu sein. Seit 1935 darf Oberwiesenthal den amtlichen Zusatz Kurort führen. Interessant ist ein Blick in die Aufzeichnungen der auf dem Fichtelberg tätigen Meteorologen: Die höchste bisher gemessene Lufttemperatur auf dem Berg betrug plus 30,6 °C (7. 7. 1957), die niedrigste minus 30,4 °C (9. 2. 1956), die größte Schneehöhe 335 cm (24. und 29. 3. 1944).

BESICHTIGUNGEN

Stadtrundfahrten mit der Postkutsche im Sommer Mi, Fr 9–16 Uhr alle 30 Min. (20–30 Min.), Abfahrt Postsäule am Markt, So 9–16 Uhr, Abfahrt Talstation der Schwebebahn

Erzgebirgsbahn

★ Eine Fahrt in einem der dampflokgezogenen Schmalspurzüge gehört zum Muß eines jeden Urlaubers im oberen Erzgebirge. Beliebtes Fotomotiv sind die Dampflokomotiven, die täglich etwa 18mal in den Bahnhof ein- und ausfahren. Der wohl beste Fotostandort befindet sich unterhalb des 110 m langen und 23 m hohen Viadukts unmittelbar vor dem Bahnhof. Von Mi bis So führen vier Zugverbindungen einen bewirtschafteten Salonwagen mit 30 Plätzen. Platzbestellungen: *Bahnhof Oberwiesenthal, Tel. 037348/320.* Die Erzgebirgsbahn verkehrt seit 1897 auf der 17,3 km langen Strecke Cranzahl – Oberwiesenthal.

Fichtelberg – viele Wege führen ins weite Schneeparadies

Fichtelberg

Mit 1214 m der zweithöchste Berg des Erzgebirges. Am bequemsten ist der Gipfel mit der Fichtelberg-Schwebebahn zu erreichen, für Pkw ist die Zufahrt gesperrt, vom Parkplatz an der Zufahrtsstraße sind es etwa 2 km zu Fuß. Der 42 m hohe Aussichtsturm besitzt als einziger der zahlreichen Türme im Erzgebirge und Vogtland einen Aufzug, der von 10–16 Uhr fährt. Mitunter gibt es einzigartige Fernsichten – bis zum 180 km entfernten Inselsberg in Thüringen oder zur 200 km weit gelegenen Schneekoppe im Riesengebirge. Ein wenig Glück ist jedoch erforderlich, um solche Rundblicke genießen zu können, denn an durchschnittlich 290 Tagen im Jahr hüllt Nebel den Berg ein. Das *Fichtelberghaus* bietet *30 Zi., teilweise mit Dusche/WC, Tel. 037348/391, Fax 393, Kategorie 3.* Die meteorologische Station daneben nahm 1916 ihre Tätigkeit auf. Im bereits 1917 angelegten Gebirgsgarten wachsen alpine Pflanzen. Zum Essen empfehlenswert: das kleine *Selbstbedienungs-Bergrestaurant Himmelsleiter* hinter der Abfahrtsstelle der Schwebebahn. *Tel. 037348/73 19, Kategorie 3*

Schwebebahn
Die 1924 eröffnete Bahn benötigt für die 1175 m lange Strecke 3 1/2 Min. Die Talstation befindet sich etwa 5 Min. Fußweg vom Bahnhof Oberwiesenthal entfernt, die Bergstation in 1214 m Höhe auf dem Fichtelberg. Gefahren wird *tgl. von 8 bis 12.20 Uhr und 13–17 Uhr alle 15 Min. Auskunft: Tel./Fax 037348/330*

Wintersportanlagen
★ Packende Wettkämpfe hat Oberwiesenthal schon erlebt. Ein Erlebnis ist es bereits, den Meistern von heute und morgen beim Trainingsflug von den Schanzen zuzuschauen. Die alte 1938 eingeweihte Fichtelbergschanze läßt Weiten bis zu 85 m zu, die Springer kommen auf Geschwindigkeiten von 60 bis 70 km/h. Den internationalen Normen entspricht die 1974 übergebene Fichtelbergschanze, auf der Weiten um die 95 m erreicht werden. Die Anlaufgeschwindigkeit beträgt 90 km/h. Zum Schanzenkomplex gehören noch eine Kleinschanze und zwei Jugendschanzen. Das Langlauf-Skistadion befindet sich an der Zufahrtsstraße zum Fichtelberg, die Biathlonstrecken und der Schießplatz mit 16 Bahnen fügen sich in das Skistadion ein.

MUSEUM

Ski- und Heimatmuseum
Schauen Sie rein, wenn Sie sich für die 100jährige Wintersportgeschichte am Fichtelberg interessieren. Im Heimatteil steht eine 250 cm große geschnitzte Weihnachtspyramide. *Di–Fr 14 bis 17 Uhr, Sa, So 14–16 Uhr, Karlsbader Straße 3, Tel. 037348/614*

RESTAURANTS/CAFÉS

Café-Konditorei Enderlein
Konditorei mit Tradition: seit 1855. *Karlsbader Straße 4, Tel. 037348/281*

Central
Der schmackhafteste Sauerbraten weit und breit. *Schulstraße 3, Tel. 037348/404, Kategorie 3*

Richters Steakhaus
Über 100 Gerichte der deutschen und internationalen Küche, Steaks in vielen Variationen, hausgemachte Pizza. *Mi geschl., Annaberger Straße 41 (am Parkplatz neben der B 95 in Unterwiesenthal), Tel. 037348/355, Kategorie 3*

EINKAUFEN

Erzgebirgische Volkskunsterzeugnisse gibt es in der »Kunststube«, *Karlsbader Straße 1* und in der Drechslerei Haberecht, *Ze-*

chenstraße 1. Eine besonders große Auswahl an Schwibbögen hat die »Volkskunststube«, *Annaberger Straße 18.* Wer Wintersportgeräte oder -kleidung vergessen hat: Sporthaus Kinshofer-Güthlein, *Vierenstraße 8* und im Euromill-Hotel Am Fichtelberg, *Karlsbader Straße 40*

ÜBERNACHTUNG

Bergfrieden

An der Talstation der Schwebebahn, persönliche Atmosphäre. *16 Zi., Vierenstraße 14, Tel. 037348/73 97, Fax 350 Kategorie 3*

Panorama

Biophysikalisches Vitalzentrum mit kleinem Schwimmbad; behindertengerecht. *124 Zi., Vierenstraße 11, Tel. 037348/71 90, Fax 71 98, Kategorie 2*

SPIEL UND SPORT

Das erwartet den Wintersportler: Zehn als leicht, mittelschwer und schwer klassifizierte Pisten mit einer Gesamtlänge von 18 km, eine Flutlichtpiste, ein gespurtes Langlauf- und Loipennetz von 70 km, 2 Sessel- und 4 Schlepplifte. Einen Pisten- und Loipenplan gibt es kostenlos in der Kurverwaltung. Die erste Schneedecke bildet sich auf dem Fichtelberg meist Mitte Okt., oft schmilzt sie erst Mitte April. Nach den Skistöcken kommen die Wanderstöcke zu Ehren: Fast 60 km lang sind die ausgeschilderten Wanderwege, die in die Umgebung führen. Auf der 525 m langen Sommerrodelbahn können Sie durch 9 Steilkurven zu Tal jagen. *10–17 Uhr (bei Nässe nicht).* Tennisplätze und Freibad sind vorhanden, die Schwimmhalle des Euromill-Hotels Am Fichtelberg ist öffentlich.

AUSKUNFT

Kurverwaltung

Markt 8, 09484 Oberwiesenthal, Tel. 037348/614, Fax 77 98

ZIEL IN DER UMGEBUNG

Keilberg **(H 4)**

Der höchste Berg des Erzgebirges (1244 m) liegt auf tschechischem Gebiet. Dort heißt er Klínovec. Durch die Parabolspiegel der auf ihm stehenden Fernsehstation ist er weithin zu erkennen. In der Gaststätte Bergbaude werden schnell und für Deutsche Mark preiswerte tschechische Gerichte serviert. Die Speisekarte gibt es in deutscher Sprache, die auch das Servierpersonal beherrscht. Einen Blick wert ist der Saal des Restaurants, den seit 1906 eine Kassettendecke mit Wappen erzgebirgischer Städte schmückt. Der 24 m hohe Aussichtsturm stammt aus dem Jahre 1884. Vom Grenzübergang bei Oberwiesenthal führt ein 3,5 km langer Wanderweg zum Keilberg.

KURORT SEIFFEN

★ (**O 5**) Das Spielzeugmacherdorf des Erzgebirges. In Seiffen (3300 Ew.) riecht es das ganze Jahr über nach Holz, Leim und Farbe. Zehntausende von Pyramiden, Schwibbögen, Bergmännern und Lichterengeln verlassen jährlich die mehr als 100 kleinen Werkstätten. Allein über 50 000 Nußknacker tragen jedes Jahr den

Namen Seiffen in alle Welt. Nur hier im Tal des Seiffenbaches ist das interessante Reifendrehen beheimatet. Seiffen, mit seiner langen Tradition im Schnitzen und Drechseln, prägt wesentlich das Bild vom »Weihnachtsland Erzgebirge«.

BESICHTIGUNGEN

Im Sommer fährt Di–So von 10 bis 17 Uhr die Bimmelbahn durch den Ort, Abfahrt am Spielzeugmuseum, am Freilichtmuseum kann aus- und zugestiegen werden (Rundfahrt 30 Min.).

Beim Bergmeister
Mechanischer Heimatberg in einem Bergmannswohnhaus von 1750, der die Arbeitsweise der Bergleute um 1830 darstellt und in 1800 Arbeitsstunden gebaut wurde. 88 Figuren bewegen sich. Mit 2 Mark können Sie den komplizierten Mechanismus in Bewegung setzen. In der kleinen Galerie unter dem Dach sind Werke einheimischer Maler zu sehen. *Tgl. 10–17 Uhr, Hauptstraße 63*

Bergkirche
Achteckiger Rundbau (1776–79), für den als Vorbild die im Zweiten Weltkrieg zerstörte Dresdner Frauenkirche diente. *Besichtigung Mai–Okt. 13-15 Uhr, Führungen tgl. 12 Uhr, in den Sommermonaten Orgelkonzerte.*

Historischer Bergbausteig
Lehrpfad mit 20 Stationen, er beginnt oberhalb der Kirche an der Deutschneudorfer Straße, in der Nähe endet er auch. Eine Beschreibung mit Wegeskizze gibt es in der Tourist-Information.

Schauwerkstatt
Gezeigt werden Reifendrehen, Schnitzen, Bemalen. *Mo–Do 9-12, 13–16 Uhr, Fr–15 Uhr, zur Adventszeit auch Sa, So 9–16 Uhr, Bahnhofstraße 12, Tel. 037362/82 06, Fax 82 07*

MUSEEN

Erzgebirgisches Freilichtmuseum
Im noch funktionstüchtigen Wasserkraft-Drehwerk (1758 bis 1760) bekommen Sie die Kunst des Reifendrehens gezeigt, in weiteren Häusern ist zu sehen, wie Stellmacher, Spankorbhersteller und andere Handwerker früher lebten und arbeiteten. *Tgl. 9–17 Uhr, Nov.– März witterungsbedingt 9–16 Uhr, Hauptstraße 203, Tel. 037362/83 88*

Erzgebirgisches Spielzeugmuseum
Pyramiden, Leuchter, Schwibbögen, Räuchermännchen und Nußknacker von einst und jetzt, reichhaltige Kollektion an Erzeugnissen der Reifendreherei. *Tgl. 9–17 Uhr, Dez.–Jan. große Weihnachtssonderschau, Hauptstraße 73, Tel. 037362/82 39*

RESTAURANTS/CAFÉ

Bergstübel
Die gute Küche hat sich herumgesprochen. *Hauptstraße 196 (beim Freilichtmuseum), Tel. 037362/70 11, Kategorie 3*

Café Eismann
Eis und Kuchen schmecken. *Bahnhofstraße 5, Tel. 037362/846*

Zur Binge
Rustikales kleines Restaurant, in dem auch die einfachen Gerichte der regionalen Küche probiert

werden können. Dazu gehören beispielsweise Kartoffeln mit Sahnequark, Leinöl oder hausgemachte Leberwurst. *Deutschneudorfer Straße 1, Tel. 037362/760 33, Kategorie 3*

EINKAUFEN

In zahlreichen Spielzeugmacher-Werkstätten können Sie von Montag bis Freitag geschickten Drechslern, Schnitzern und Malerinnen zuschauen und auch deren Kunstgegenstände kaufen. In der *Deutschneudorfer Straße 34* soll um 1870 Wilhelm Friedrich Füchtner mit dem bunt bemalten Königstyp die wohl populärste Nußknackergestalt entwickelt haben; den Familienbetrieb führt heute in der sechsten Generation Volker Füchtner. Empfehlenswert ist das »Geschenkhaus« im Spielzeugmuseum. Zum »Spielzeugland«, dem ältesten Spielwarengeschäft Seiffens, gehört ein kleines Museum, gezeigt wird eine Sammlung aus dem 1866 gegründeten Verlagsgeschäft Max Hetze. *Tgl. 9–17 Uhr, Hauptstraße 40*

ÜBERNACHTUNG

Nußknackerbaude
Idyllisch und ruhig gelegen, gute Küche, Whirlpool, Sauna, Kegelbahn; behindertengerecht. *33 Zi., Nußknackerstraße 20, Tel. 037362/82 73, Fax 84 77, Kategorie 3*

Zum Alten Bergmannshaus
Familienfreundliche Pension in einem originalgetreu wiederaufgebauten Bergmannshaus Anf. 18. Jh., Sauna, Solarium. *7 Zi., Hauptstraße 42, Tel. 037362/82 17, Kategorie 3*

SPIEL UND SPORT

Wenn es das Wetter zuläßt, können Sie auf der 733 m langen Sommerrodelbahn durch neun Kurven den Berg hinabfahren. Ski werden in der *Hauptstr. 96* ausgeliehen.

AUSKUNFT

Tourist-Information
Hauptstraße 40, 09548 Kurort Seiffen, Tel. 037362/84 38

ZIELE IN DER UMGEBUNG

Neuhausen **(O 5)**
386 cm mißt der größte funktionstüchtige Nußknacker der Welt! Das brachte dem König aller Nußknacker einen Eintrag ins Guinness-Buch der Rekorde. Zu sehen ist er im einzigen Nußknacker-Museum Europas. Unter den dort ausgestellten mehr als 1700 Nußknackern kommt der kleinste auf 11,5 Millimeter. Er ist voll funktionsfähig, besitzt aber dennoch nur Schauwert: Es fehlt an Nüssen dieser Größe. *Tgl. 9–18 Uhr, Bahnhofstraße 20, Tel./Fax 076691/208*

Olbernhau **(N–O 5)**
Auf dem größten der drei zentnerschweren Hämmer der Saigerhütte Grünthal soll sich 1712 Rußlands Zar Peter I. bei einem Ritt vergnügt haben. Mit 22 historischen Bauten ist die 1537 gegründete Saigerhütte das einzige Denkmal der Buntmetallurgie in Europa. Grünthaler Dachkupfer ziert weit über 400 Profan- und Sakralbauten in mehreren Ländern, darunter die Dächer der Dome in Wien, Krakau und Magdeburg. *Führungen (45 Min.)*

15. März–15. Nov. Di–So 9.30–12, 13–16.15 Uhr, An der Natzschung 5, Tel. 037360/33 67. »Stadt der sieben Täler« wird Olbernhau (12 500 Ew.) wegen seiner reizvollen Seitentäler oft genannt. Themen der Ausstellung im Museum *Haus der Heimat* sind die Stadtgeschichte, das regionale Handwerk und vor allem die erzgebirgische Volkskunst. *Mo 12.30 bis 17 Uhr, Di–Fr 9.30–16.15 Uhr, Sa, So 9.30–12, 12.45–17 Uhr, Markt 7, Tel. 037360/21 80*

Schwartenberg **(O 5)**

Durch seine kahle Kuppe einer der markantesten Berge (789 m) des Erzgebirges, von den Einheimischen »de Schwart« genannt. Kein Baum versperrt den Blick. Durst und Hunger stillt die *Gaststätte Schwartenbergbaude. Sept. bis Mai Mi geschl., Tel. 037361/686, Kategorie 3*

MARIENBERG

(N 5) Eine auf dem Reißbrett ab 1521 konzipierte Stadt: In der Mitte der quadratische Marktplatz von 130 mal 130 m, von dem an jeder Seite drei gleichbreite und gleichlange Straßen abzweigen. Die symmetrische Stadtanlage von Marienberg (11 800 Ew.) gilt als städtebauliche Kostbarkeit. Ausgangspunkt für die Stadtgründung war der Bergbau, der nach 435 Jahren 1954 endete. An der B 171 in Richtung Zöblitz wurde links ein Gedenkstein an jener Stelle aufgestellt, an der der erste Stollen in den Berg führte. Auf dem Marienberger Hausberg, der Drei-Brüder-Höhe, ermöglicht der 1994 eingeweihte 24 m hohe Aussichtsturm einen ausgezeichneten Rundblick.

BESICHTIGUNGEN

Marktplatz

Der größte Marktplatz in Sachsen. Auf dem von Linden umsäumten Platz steht das überlebensgroße Bronzestandbild (1900) des Stadtgründers Herzog Heinrich der Fromme (1473 bis 1541). Die Bibel zu seinen Füßen soll an die von ihm 1539 in Sachsen eingeführte Reformation erinnern. Das Rathaus ziert ein künstlerisch bedeutendes Rundbogenportal von 1539. Aufwendig verzierte Portale besitzen auch die Häuser Nr. 5, 6 und 14.

Stadtkirche St. Marien

Die jüngste der großen Hallenkirchen im obersächsischen Gebiet (1558–64). Pate standen die Stadtkirchen von Annaberg und Pirna. Die Ausstattung stammt aus verschiedenen Epochen. Die Orgel mit 3157 Pfeifen und 51 Registern ist die größte im Erzgebirge, Konzerte auf ihr sind ein Genuß. *Marienstraße*

MUSEUM

Heimatmuseum im Zschopauer Tor

Mechanische Heimatberge, viel Schnitz- und Klöppelkunst und Gegenstände aus dem Besitz des erzgebirgischen Robin Hoods, Karl Stülpner. *Di–So 10–17 Uhr, Zschopauer Straße, Tel. 03735/235 06*

RESTAURANT

Ratskeller

Im Gewölbe des alten Rathauses Portal kann man gediegen essen und trinken. An den Markttagen *Di, Fr schon ab 6 Uhr, Markt 1, Tel./Fax 03735/220 61, Kategorie 3*

EINKAUFEN

Groß ist die Auswahl an regionalem Kunsthandwerk im »Kunststübl« des Erzgebirgischen Genossenschaftszentrums, *Markt 5,* sowie in der »Sächsischen Kunststube«, *Markt 12.* In der »Erzgebirgischen Drechselstube«, *Freiberger Str. 8,* dürfen Sie Drechslermeister Matthias Reichel bei der Arbeit zuschauen. Erzgebirgische Trachten mit Klöppelspitze schneidert Klaus-Jürgen Seiler, *Baderstraße 5.*

ÜBERNACHTUNG

Berghotel Drei Brüder Höhe
Mitten im Wald in ruhiger Lage, nördlich der B 171 in Richtung Wolkenstein (Hinweisschild an der Straße). *19 Zi., Tel. 03735/ 60 00, Fax 600 50, Kategorie 2*

Rätzen's Brettmühle
Familiengeführte Pension nahe des Erholungsgebietes Rätzteich südöstlich der Stadt. Restaurant mit guter Küche. *Mo geschl., 10 Zi., Brettmühlenweg 8, Tel./Fax 03735/ 228 32, Kategorie 3*

AUSKUNFT

Fremdenverkehrsbüro
Markt 1, 09496 Marienberg, Tel. 03735/602 12, Fax 223 07

ZIELE IN DER UMGEBUNG

Forchheim **(N 5)**
Die barocke Dorfkirche mit einer Silbermannorgel gehört zu den besuchenswerten Sakralbauten Sachsens. Gebaut wurde sie 1719–26 von George Bähr, dem Schöpfer der Dresdner Frauenkirche.

Großolbersdorf **(M 5)**
Frische Blumen schmücken meist das Grab des legendären 1841 verstorbenen erzgebirgischen Volkshelden Karl Stülpner. Im Schnitzerheim zeigen über 100 Figuren 27 verschiedene Szenen aus dem Leben Stülpners. *So 9–12 Uhr, Warmbadstraße*

Grünhainichen **(N 4)**
Bis in unser Jahrhundert hinein ein Dorf der Schnitzer, Drechsler und Spielwarenhersteller. Besonders schöne Stücke sind in der ständigen Ausstellung *Erzgebirgische Volkskunst* zu sehen. *Mi, Do, Fr 15–17 Uhr, Sa, So 13–16 Uhr, Chemnitzer Straße 20, Tel. 07294/ 344 (Gemeindeverwaltung).* Ausgestellt sind auch Spanschachteln; die dafür verwendeten, bis zu 30 cm breiten und einen Meter langen Buchenholzspäne kamen aus der nahegelegenen Engerschen Spanziehmühle (17. Jh.). Das Späneziehen wurde in dem Dorf als Handwerk erstmalig 1729 urkundlich erwähnt. Das im Erzgebirge einzigartige technische Denkmal beherbergt die *Gaststätte Schachtelstübchen,* eine Schauwerkstatt soll entstehen. *Mo geschl., Mühlenstraße 36, Tel. 037294/620, Kategorie 3*

Lauterbach **(N 5)**
Die Wehrkirche, eine der besonders schönen in Sachsen, wäre fast abhanden gekommen. 1905 sollte sie wegen Baufälligkeit abgerissen werden. Nach Protesten wurde sie abgetragen und auf dem neuen Friedhof originalgetreu wiedererrichtet. Nur das Schindeldach mußte einem aus Schiefer weichen, und der 18,5 m hohe Wehrgang ist seitdem überwiegend holzverkleidet.

Zschopau – Schloß Wildeck und »Dicker Heinrich«

Lengefeld **(N 5)**
Das älteste und besterhaltene Kalkwerk im Erzgebirge, das noch produziert. Zum *Technischen Museum* gehören u. a. vier bis 1975 in Betrieb gewesene pyramidenförmige Brennöfen (1818 bis 73). *April–Okt. Di–So 9–17 Uhr, Nov.–März bis 16 Uhr, Tel. 037367/22 74.* In den feuchten Bergwerksstollen waren noch in den letzten Tagen des Zweiten Weltkrieges weltberühmte Bilder der Dresdner Gemäldegalerie eingelagert, um sie vor der endgültigen Vernichtung zu bewahren. Von Lengefeld aus wurden sie als Siegesbeute in die Sowjetunion verbracht, die sie 1956 der DDR zurückgab.

Mauersberg **(M 6)**
Gewürdigt werden im *Museum* die beiden großen Söhne des Ortes: der Dresdner Kreuzkantor Prof. Rudolf Mauersberger (1889 bis 1971) und sein jüngerer Bruder, der Leipziger Thomaskantor Prof. Erhard Mauersberger (1903 bis 1982). *Di–Fr 9–12, 14 bis 17 Uhr, Sa, So 9–12, 13.30–17 Uhr, Hauptstraße 22, Tel. 037369/213.* Eine Kostbarkeit stellt die Kreuzkapelle (1953) auf dem Friedhof dar. Sie entstand in Anlehnung an die 1889 abgebrochene alte Kapelle; das Geld hierfür stiftete Rudolf Mauersberger.

Pockau **(N 5)**
Nur eine wasserradangetriebene Ölmühle soll in Europa komplett erhalten geblieben sein: Diese steht in Pockau und wurde als Museum umgebaut. Gewonnen wurde in der Mühle vor allem Leinöl, »die Butter des armen Mannes«, wie es im Erzgebirge heißt. *Mi 15–16 Uhr, Sa 9–11, 14–16 Uhr, Mühlenweg 8, Tel. 037367/96 40*

Popershau **(N 6)**
Um 1525 trieben Bergleute den Stollen in den Berg, der als Schaubergwerk »Tiefer Molch-

ner Stolln« seit Jahrzehnten Besucher nach Popershau lockt. *Führungen (45 Min.) tgl. 9–16.30 Uhr, Amtsseite Dorfstraße 67, Tel. 03735/23436.* Etwa 70 m über der Schwarzen Pockau erhebt sich der imposante Katzenstein, ein beliebter Aussichtsfelsen.

Scharfenstein **(M 5)**

Zu den besonders schönen Burgen Sachsens gehört die von Scharfenstein, dem Geburts- und Sterbeort Karl Stülpners. Der »Sohn der Wälder« hatte das Bauwerk hoch über dem Zschopautal 1795 belagert. Im Wohnflügel wird auf zwei Etagen unter dem Motto »Die Sehnsucht nach dem Licht« ein Querschnitt durch die Geschichte der erzgebirgischen Volkskunst gegeben. *April–Okt. Di–So 9–18 Uhr, Nov.–März Di–So 10–17 Uhr.* Stülpners Sterbehaus trägt eine Gedenktafel. *Karl-Stülpner-Weg 12*

Wolkenstein **(M 5)**

In ungewöhnlicher Lage, nämlich auf einem Felsmassiv 70 m über dem Zschopautal, wurde das Städtchen Wolkenstein (2000 Ew.) errichtet. Das Wolkensteiner Schloß hat dem berühmten Maler der Romantik Ludwig Richter so gefallen, daß er es bei seiner Erzgebirgswanderung um 1825 auf seinem Zeichenblock festhielt. Die Arbeit besitzt das Heimatmuseum im Wolkensteiner Schloß. *April–Nov. Di–So 9–16 Uhr, Dez.–März Sa, So 9–16 Uhr, Tel. 037369/412.* Goethe, der zwischen 1785 und 1813 das Erzgebirge mehrmals besuchte, äußerte: »Das Tal der Zschopau zwischen Wolkenstein und Kriebstein ist eine der schönsten Landschaften in Deutschland, die ich kennengelernt habe.« Wolkensteiner Schweiz wird das reizvolle Gebiet etwa 1 km nördlich der Kleinstadt genannt. Ein guter Aussichtspunkt ist die Anton-Günther-Höhe, zu erreichen vom Wolkensteiner Marktplatz durch das Rathaustor über die Heidelbachstraße. Vor dem Loswandern können Sie sich stärken im *Ratskeller am Markt, Tel. 037369/9707, Kategorie 3.*

Zöblitz **(N 5)**

Für technisch Interessierte: Die letzte handwerkliche Serpentindrechslerwerkstatt kam nach dem Tod des Meisters in die Heimatschau nach Zöblitz. *Mo bis Do 9–15.30 Uhr, Bahnhofstraße 1, Tel. 037363/281.* Der meist schwarzgrüne Serpentinstein läßt sich drechseln, bohren und fräsen, ein besonders schönes Stück stellt der Taufstein (1616) in der Zöblitzer Kirche dar, in der eine Silbermannorgel erklingt.

Zschopau **(M 5)**

Schloß Wildeck nutzten die sächsischen Kurfürsten als Jagdschloß, der mächtige Rundturm wird seiner 4 m starken Mauern wegen Dicker Heinrich genannt. Das Schloß beherbergt heute ein kleines Museum. *Tgl. 10–12, 13–17 Uhr, Tel. 03725/2657.* Im Uhrenturm des Rathauses der Stadt (10 700 Ew.) erklingt zu unterschiedlichen Zeiten ein Glockenspiel aus Meißner Porzellan. In den dreißiger Jahren produzierten die Zschopauer Motorradwerke weltweit die meisten Motorräder, nach der Demontage durch die sowjetische Besatzungsmacht entstand zu DDR-Zeiten das MZ-Motorradwerk.

Spannende Erlebnisse unter Tage

Schaubergwerke mit kilometerlangen dunklen Stollen geben Einblick in bergbauliche Traditionen

Tagelang können Sie auf den Spuren historischer Bergbautraditionen wandern – im westlichen Erzgebirge finden Sie die Reste einst florierender Bergwerke in besonderer Dichte. Nicht wenige der Schächte stehen Besuchern offen, so wurde der einstige Wismut-Schacht 371 bei Hartenstein zum tiefsten Besucherbergwerk Europas. Die Seilfahrt führt Sie in eine Tiefe von 540 m. Wem das nicht ganz geheuer ist, der sollte Waschleite als Ziel wählen, dort geht es nur 250 Stufen unter Tage. Wieder am Tageslicht, bieten sich die typischen bewaldeten Bergrücken zum Wandern an. Oder Sie schauen in die aufschlußreichen Museen der alten Bergstädte Schneeberg, Schwarzenberg und Aue, um zu entdecken, was die Bergleute in ihrer Freizeit an wunderschönen Gegenständen schnitzten.

Heimatberg im Museum für bergmännische Volkskunst in Schneeberg

JOHANNGEORGENSTADT

(**G 4**) Ein aus sieben Stadtteilen bestehendes Städtchen (8000 Ew.), benannt nach Kurfürst Johann Georg I. Johanngeorgenstadt war bis zum Zweiten Weltkrieg ein anerkannter Wintersportort, diesen Ruf wiederzuerlangen, bemüht sich die Stadt seit der Einheit Deutschlands mit Erfolg. 1929 entstand hier die erste deutsche Großschanze, die 1962 durch die Erzgebirgsschanze ersetzt wurde. Zahlreiche Berge am Stadtrand sind künstlichen Ursprungs, Überbleibsel des nach dem Zweiten Weltkrieg im großen Stil betriebenen Uranbergbaus, dem die Altstadt weitgehend weichen mußte. Mittlerweile wurden die riesigen Gesteinshalden rekultiviert und sind kaum noch als Bergbaurückstände erkennbar. Zur Tschechischen Republik besteht ein Grenzübergang für Fußgänger und Radfahrer sowie einer für die Eisenbahn.

BESICHTIGUNGEN

Historischer Pferdegöpel

Ein bergbautechnisches Denkmal: Zwölfmal mußten zwei Pferde eine 8,5 m hohe Spindel um ihre Achse drehen, um 0,5 t Gestein aus 140 m Tiefe zu fördern. Der 1798 erbaute und 1948 abgerissene Pferdegöpel der Neu Leipziger Glück Fundgrube wurde 1992/93 rekonstruiert. *Führungen Di–So 10, 11, 13, 14, 15, 16 Uhr, Schwefelwerkstraße/Ecke Auenstraße, Tel. 03773/31 68*

Naturschutzgebiet Kleiner Kranichsee

29 ha großes Hochmoor 2 km südwestlich der Stadt, das schon 1928 zum Naturschutzgebiet erklärt wurde. Über das Moor, durch das die Landesgrenze zur Tschechischen Republik verläuft, führt ein Knüppeldamm, der an einem hölzernen Aussichtsturm endet. Moore sind für ihre Heimtücke bekannt, verlassen Sie deshalb nicht den Knüppeldamm!

Schaubergwerk Glöck'l

Im Dachreiter der Kaue des Unverhofft-Glück-Schachtes (1671-1958) hängt eine geschnitzte Glocke. Sie verhalf dem heutigen Schaubergwerk zu seinem Namen. Zu ebener Erde führt der Weg in den 200 m langen Stollen. *Führungen Di–So 9, 10, 11, 13, 14, 15, 16 Uhr, Wittigsthaler Straße. Tel. 03773/21 40*

RESTAURANT

Am Wäldchen

Wer Unbekanntes probieren möchte: Aus Mehl, Hefe und Buttermilch bestehen die mit Butter und Marmelade servierten »Ranzendrucker«. *So nur 11–15 Uhr, Eibenstocker Straße 66, Tel. 03773/22 57, Kategorie 3*

ÜBERNACHTUNG

Jugendherberge

Am Rande der Altstadt. *45 Betten, Hospitalstraße 5, Tel. 03773/21 94, Kategorie 3*

Steinbach

Individuell eingerichtete Zimmer, gemütliches Restaurant mit guter Küche. *15 Zi., Steinbach Nr. 22, Tel./Fax 03773/22 28, Kategorie 3*

Waldpension Am Schwefelbach

Ruhig am Waldrand gelegen. *20 Zi., Schwefelwerkstraße 36, Tel. 03773/32 22, Kategorie 3*

SPIEL UND SPORT

In Johanngeorgenstadt beginnt bzw. endet die 36 km lange Kammloipe, dazu kommen weitere 30 km gespurte Loipen in der Umgebung sowie zwei Skilifte und das Natureisstadion. Im Sommer bieten das Naturbad Am Schwefelbach und Tennisplätze sportliches Vergnügen. Auf die 30 m hohen Teufelssteine im Steinbachtal nordöstlich der Stadt führen acht Kletterwege, die jedoch nur Bergsteiger bezwingen sollten. Eine interessante Wanderung bietet der 6 km lange Bergbaulehrpfad, der am Bahnhof beginnt und am Pferdegöpel endet.

AUSKUNFT

Fremdenverkehrsamt

Eibenstocker Straße 52, 08349 Johanngeorgenstadt, Tel. 03773/30 30, Fax 82 80

MARCO POLO TIPS FÜR DAS WESTERZGEBIRGE

1 **Auersberg**
Einzigartiger Rundblick vom zweithöchsten Berg des sächsischen Erzgebirges (Seite 49)

2 **Volkskunstmuseum Schneeberg**
Wunderschöne Schnitzereien, Klöppelarbeiten, mechanische Heimatberge (Seite 51)

3 **Schacht 371**
Mit 6 Metern pro Sekunde saust der Förderkorb 540 Meter tief (Seite 53)

4 **Waschleithe**
Das Erzgebirge in Miniaturausgabe und das Schaubergwerk Herkules-Frisch-Glück (Seite 57)

ZIELE IN DER UMGEBUNG

Auersberg **(F 3–4)**
★ Mit 1019 m der zweithöchste Berg des sächsischen Erzgebirges; schneesicheres Wintersportgebiet. Vom Aussichtsturm auf dem mit Fichten bewaldeten Berg haben Sie bei schönem Wetter einen herrlichen Rundblick. *Tgl. 10–17 Uhr.* Das Berghotel Auersberg öffnete im Frühjahr 1994 nach völliger Modernisierung wieder. *11 Zi., Tel. 03775/38 50, Fax 37 44, Kategorie 3*

Carlsfeld **(F 4)**
Der westlichste Ferienort des Erzgebirges unweit der Trinkwassertalsperre Weiterswiese. Die 1684 bis 1688 erbaute barocke Dreifaltigkeitskirche gilt als älteste Rundkirche Sachsens. 2,5 km von Carlsfeld entfernt erstreckt sich das unter Naturschutz stehende 37 ha umfassende Hochmoor Großer Kranichsee mit Moortümpeln; der größere Teil liegt auf tschechischem Gebiet.

Eibenstock **(F 3)**
Der Aufstieg über den Reuthersweg zur Skihütte von Eibenstock (6200 Ew.) wird mit einem unvergeßlichen Panoramablick belohnt. Aus dem Stadtbild ragen die Türme der neuromanischen Kirche (1864–68) und des Jugendstil-Rathauses (1907) heraus. Im *Heimatmuseum* erfahren Sie Geschichtliches über die Tambourierstickerei; sie war für Eibenstock im 19. und Anfang des 20. Jhs. so charakteristisch wie das Klöppeln im übrigen Erzgebirge. *Di–Fr 9–12, 14–16 Uhr, Sa, So 9.30–12 Uhr, Platz des Friedens 1, Tel. 037752/31 61.* Einer der zahlreichen Wanderwege führt zur Talsperre Eibenstock, mit 350 ha die größte Trinkwassertalsperre Sachsens. Sie erstreckt sich in den Waldtälern zwischen Eibenstock, Schönheide, Stützengrün und Hundshübel. Geruhsame Erholung bietet das familiengeführte Hotel Bühlhaus. *21 Zi., Bühlstraße 16, Tel. 037752/29 02, Fax 29 24, Kategorie 3*

Turmbläser in der Weihnachtsstadt Schneeberg

SCHNEEBERG

(**F 2**) »Weihnachtsstadt des Erzgebirges« wird Schneeberg (19 000 Ew.) gern genannt. In der Adventszeit ist die Stadt festlich geschmückt, den Markt schmückt eine 11,80 m hohe Pyramide, Turmblasen, Lichtelfest und Weihnachtsmarkt locken viele Gäste herbei. Viele bergbauliche Denkmäler erinnern an die große Zeit des Silberbergbaus im Mittelalter, ohne den sich Schneeberg die berühmte St.-Wolfgangs-Kirche nicht hätte leisten können. Die Altstadt, wie wir sie heute vorfinden, entstand planmäßig 1719–25 nach einem Brand. Auch die Feste sind mit der Bergbaugeschichte verknüpft, so der Bergstreittag am 22. Juli. Der traditionelle Festtag mit Berggottesdienst und Bergparade geht auf den erfolgreichen Lohnstreik der Bergknappen des Schneeberger Reviers im Jahre 1496 zurück.

BESICHTIGUNGEN

Bergbaulehrpfad

Zwölf bergbauliche Denkmäler können Sie entlang dieses 8 km langen Lehrpfades erkunden. Er beginnt am Siebenschlehner Pochwerk und endet am Filzteich. Führungen von 2 Std. nach Anmeldung in der Tourist-Information, die auch einen Plan kostenlos bereithält.

Markt

Ein im Erzgebirge einmaliges Ensemble im Stil des Hochbarock, entstanden nach dem Stadtbrand 1719. Das Rathaus an der Nordseite bekam sein heutiges Aussehen allerdings erst 1851/52. Über dem Portal erzählt ein Sandsteinrelief die Geschichte vom ersten Silberfund. Wer nicht in das

Treppenhaus schaut, dem entgehen die schönen Schmuckelemente im Jugendstil und die prachtvolle Kassettendecke.

Siebenschlehener Pochwerk

Ein bergbauliches Kleinod! Die letzte noch erhaltene und funktionstüchtige Erzaufbereitungsanlage im Westerzgebirge wurde 1753 erbaut und 1995 als Museum eröffnet. *Di–So 9–16 Uhr, Lindenauer Straße 2, Tel. 03772/226 36*

St.-Wolfgangs-Kirche

Mit 60 m Länge, 27 m Breite und 20 m Höhe die größte protestantische Kirche Sachsens. Von welcher Seite man sich auch Schneeberg nähert, immer wird die Stadt von der Kirche beherrscht. 1945 war sie von US-Tieffliegern in Brand geschossen worden, der Wiederaufbau steht vor dem Abschluß. Der beim Brand 1945 gerettete große Reformationsaltar von Lucas Cranach d. Ä. wird wieder seinen angestammten Platz einnehmen.

MUSEUM

Museum für bergmännische Volkskunst

★ Wunderschöne Schnitzereien, Klöppelarbeiten und mechanische Heimatberge. Das Museum befindet sich im Bortenreuther-Haus von 1725, dem wohl schönsten Bürgerhaus Schneebergs. *Di bis Do, Sa, So 9–12, 13–17 Uhr, Fr 13–17 Uhr, Obere Zobelgasse 1, Tel. 03772/224 46*

RESTAURANTS/CAFÉ

Café Markteck

Für den eiligen Gast. Auch Mittagstisch. *Mo geschl., Markt 7, Tel. 03772/85 31, Kategorie 3*

Ratskeller

Das Essen in dem alten Gewölbe schmeckt. *Markt 1, Tel. 03772/224 84, Kategorie 2*

Zum eisernen Landgraf

Überwiegend regionale Küche. *Mo geschl., Forststraße 11, Tel. 03772/87 42, Kategorie 3*

EINKAUFEN

Erzgebirgische Volkskunst bietet in großer Auswahl die »Schneeberger Geschenkstube«, *Markt 6.* In der *Kirchgasse* haben Sie ebenfalls große Auswahl: in der *Nr. 2* in der »Erzgebirgischen Volkskunststube« und in der *Nr. 7* im »Erzgebirgischen Schnitzstübel«.

ÜBERNACHTUNG

Berghotel Steiger

Familiengeführtes Hotel im elegant-rustikalen Stil, kinderfreundlich, Whirlpool, Sauna, Solarium. Restaurant mit guter Küche. *31 Zi., Am Mühlberg, Tel. 03772/226 74, Fax 224 62, Kategorie 2*

SPIEL UND SPORT

Das Strandbad Filzteich ist das größte Naherholungsgebiet im Westerzgebirge. An warmen Sommertagen tummeln sich Hunderte auf der Liegewiese und im Wasser, wird gesurft und gerudert; nur zeitiges Kommen sichert einen Strandkorb. Der 23 ha große Filzteich entstand bereits 1483–85 als erster Stausee Sachsens, das Wasser diente dem Betrieb bergbaulicher Anlagen.

Dammbruch

Still und friedlich zeigt sich der Filzteich bei Schneeberg zu allen Jahreszeiten. Ganz anders lernten ihn allerdings die Menschen dieser Gegend am 4. Februar 1783 kennen. Anhaltender Regen und die Schneeschmelze im Gebirge ließen den Wasserstand erheblich ansteigen. Der Damm brach an jenem Tag gegen 14 Uhr – eine acht Meter hohe Flutwelle schoß zu Tal, riß Häuser weg, beschädigte andere schwer. Achtzehn Menschen kamen ums Leben, darunter eine Familie mit vier Kindern.

Möchten Sie das Klöppeln erlernen? Wer wann Kurse durchführt, erfahren Sie in der Tourist-Information.

AUSKUNFT

Tourist-Information
Markt 1, 08289 Schneeberg, Tel. 03772/19433, Fax 22347

ZIELE IN DER UMGEBUNG

Aue **(F–G 2)**
Von der Industrie geprägte Stadt (26000 Ew.), die nach dem Zweiten Weltkrieg Zentrum des 1990 eingestellten Uranerzbergbaus war. Das Stadtmuseum informiert ausführlich über die Geschichte des Auer Erzbergbaus, ein unter dem Huthaus liegender Stollen demonstriert Methoden des Abbaus. *Mo–Fr 9–12, 13–17 Uhr, Sa 9–17 Uhr, Bergfreiheit 1, Tel. 03771/23654.* Im Zentrum gelegen: Hotel Blauer Engel mit Sauna, Solarium, Kegelbahnen, anspruchsvoller Küche und 38 Zimmern; behindertengerecht. *Altmarkt 1, Tel. 03771/5920, Fax 23173, Kategorie 2*

Dorfchemnitz **(G 2)**
Das Museum der Stadt trägt den unfreundlichen Namen »Knochenstampfe«, da in dem Gebäude in der Tat Knochen zu Mehl zerstampft wurden, das als Düngemittel Verwendung fand. Zu sehen gibt es in Dorfchemnitz aber noch weit mehr: heimische Schnitzarbeiten, Klöppelerzeugnisse, eine Strumpfwirkerstube und einen wunderschönen Weihnachtsberg im orientalischen Stil. *Mo–Do 9–12, 13.30–16.30 Uhr, Sa, So 14 bis 17 Uhr, Am Anger 1, Tel. 037754/2866*

Gleesberg **(F 2)**
Einen schöneren Blick auf Schneeberg als vom Dr.-Köhler-Aussichtsturm auf dem Gleesberg (593 m) bekommen Sie nirgendwo geboten. Die *Berggaststätte* hat geöffnet: *Mi–Fr 12–22 Uhr, Sa 11–24 Uhr, So 17–22 Uhr, Tel. 03772/2453, Kategorie 3.* Anfahrt: Im Stadtteil Neustädtel von der Kobaltstraße in die östlich abzweigende Gleesbergstraße fahren.

Hartenstein **(F 2)**
Auf dem Marktplatz wurde 1896 das Denkmal für den in Hartenstein geborenen Barockdichter und Arzt Paul Fleming (1609–1640) aufgestellt, dem auch das Museum Burg Stein

eine besondere Abteilung widmet. *März–Okt. Di–So 9–12, 13–16 Uhr, Nov.–Feb. bis 15 Uhr, Tel. 037605/62 69.* Südlich von Hartenstein die »Prinzenhöhle«, ein alter Bergbaustollen. In ihm wurde 1455 Prinz Ernst versteckt. Der Ritter Kunz von Kauffungen hatte von Helfershelfern die beiden Söhne des sächsischen Kurfürsten, Ernst und Albrecht, aus dem Altenburger Schloß entführen lassen, um seinen Landesherrn zu erpressen. Das kostete den Ritter das Leben, er wurde auf dem Freiberger Marktplatz enthauptet. Der Weg zur Prinzenhöhle ist ausgeschildert.

Keilberg **(F 2)**

Der Fürst-Bismarck-Turm steht seit 1893 auf dem Berg (557 m) nördlich von Schneeberg. Die *Berggaststätte* hat geöffnet: *Mi–So 11–23 Uhr, Tel. 03772/80 85, Kategorie 3.* Die Anfahrt: In Richtung Langenbach und dann linker Hand das Hinweisschild beachten.

Kuhberg **(E 3)**

Beliebtes Ausflugsziel westlich der Talsperre Eibenstock. Der Aussichtsturm hat eine Höhe von 20 m. Hinter dem vielversprechenden Namen *Berghotel* verbirgt sich eine schlichte Herberge. *4 Zi., Gaststätte Mo geschl., Tel. 037755/24 90, Kategorie 3.* Tagesbesucher dürfen nicht bis zum Gipfel (794 m) fahren, vom Parkplatz sind es etwa 1,5 km.

Lößnitz **(G 2)**

Im Turm der Johanniskirche (1826) hängt das vermutlich älteste funktionsfähige Bronzeglockenspiel (1938) Deutschlands, zu hören ist es im Sommer *Mo–Sa 7.10, 12.10, 18.10 Uhr, So 8.10, 12.10 und 18.10 Uhr.* Die »Muhme« wird Lößnitz im Volksmund genannt, was soviel wie »ältere Dame« bedeutet. Denn die Stadt (5400 Ew.) gehört zu den ältesten planmäßig angelegten Städten des Erzgebirges. Ähnliches hat kein anderer Ort im Erzgebirge vorzuweisen: eine Allee mit 180 stattlichen Linden, die Ende des 18. Jhs. gepflanzt wurden.

Schacht 371 **(F 2)**

★ 6 m in der Sekunde saust der Förderkorb in eine Tiefe von 540 m. Dort fahren Sie im Mannschaftswagen 3000 m durch die untertägigen Grubenbaue. Informationen zum einstigen Wismut-Schacht, in dem von 1959 bis 1990 in fast 2000 m Tiefe nach Uranerz gebohrt wurde, gibt es in der Steigerstube. *Führungen (4 Std.) Mo–Fr 7, 13 Uhr, Sa nach Voranmeldung ab 8.30 Uhr.* Grubenkleidung und Geleucht werden gestellt, das Mindestalter beträgt 14 Jahre. *Östlich der Straße Aue–Hartenstein (in der Nähe der Prinzenhöhle), Tel. 03771/21 22 15, Fax 21 22 21*

Schlema **(F 2)**

Vor dem Zweiten Weltkrieg besaß Oberschlema die stärksten Radiumquellen der Welt. Der 1914 begonnene Kurbetrieb mit Gästen aus aller Welt endete 1946 – der Uranbergbau der Russen zerstörte die Kureinrichtungen. Wo sie standen, erheben sich heute begrünte Halden. Möchten Sie historischen Spuren nachgehen oder schauen, wie weit die Wiedereinrichtung des Kurbades gediehen ist: Gut schlafen Sie im

Die barocke St.-Georgen-Kirche in Schwarzenberg

Park-Hotel Bad Schleuna, 38 Zi., Markus-Semmler-Straße 73, Tel. 03772/222 38, Fax 222 37, Kategorie 2, 3

Zwönitz **(G 2)**
Bis 1973 war die Papiermühle im Ortsteil Niederzwönitz in Betrieb, in der bis ins 19. Jh. Büttenpapier handgeschöpft wurde. Heute erwartet die Mühle mit ihren noch funktionstüchtigen historischen Maschinen und Anlagen als *Technisches Museum Papiermühle* Besucher. *Di–So 9–18 Uhr, Köhlerberg 1, Tel. 037754/26 90.* Gemütlich sitzen Sie in der Erzgebirgsstube des *Hotels Roß. 16 Zi., Markt 1, Tel. 037754/22 52, Kategorie 3.* Vor dem Hotel steht eine kursächsische Postmeilensäule von 1728.

SCHWARZENBERG

(G 3) Im Mai/Juni 1945 war Schwarzenberg (19 300 Ew.) für sechs Wochen eine Art Freie Republik, Niemandsland – die Alliierten hatten am Ende des Zweiten Weltkrieges vergessen, den Landkreis Schwarzenberg zu besetzen. Stefan Heym hat dieses interessante Kapitel der Stadtgeschichte in seinem Roman »Schwarzenberg« festgehalten.

Die Altstadt entstand auf einem Felsmassiv. Als dort kein Platz mehr war, begannen die Schwarzenberger die sieben Hügel der Umgebung und das Tal des Schwarzwassers zu besiedeln. Die Höhenunterschiede in der Stadt betragen bis zu 170 m. Ein Glockenspiel aus 37 Meißner Glocken erklingt um 9, 11, 14 und 17 Uhr am Springbrunnen zwischen Oberer und Unterer Schloßgasse. Zur Weihnachtszeit dreht sich gegenüber dem Postamt eine 7 m hohe Pyramide. Am Aussichtspunkt Totensteinkanzel soll, so die Schwarzenberger Legende, der Kampf des St. Georg mit dem Lindwurm stattgefunden haben.

BESICHTIGUNGEN

Holzkastenbrücke
Die 25 m lange überdachte Holzkastenbrücke (1732) stellt eine Seltenheit dar. Eine aufwendige Restaurierung hat 1992 das kul-

turhistorische Bauwerk vor der Vernichtung bewahrt. Die Holzbrücke verbindet die Ortsteile Neuwelt und Sachsenfeld.

St.-Georgen-Kirche
Die am reichsten ausgestattete protestantische Barockkirche des Erzgebirges. Ihre Innenausstattung stammt überwiegend aus der Erbauungszeit 1690–93. Den Kirchenraum überspannt eine freitragende Decke. Seit 1993 besitzt die Kirche eine neue Orgel mit 36 Registern und 2326 klingenden Pfeifen.

MUSEUM

Eisenbahnmuseum
Alte Dampfloks und mehr als 30 Personen- und Güterwagen. *Sa, So 10–16 Uhr, im ehem. Bahnbetriebswerk am Bahnhof (über Auer Str. erreichbar)*

Museum Schloß Schwarzenberg
Niedlich anzuschauen sind die Miniaturwerkstätten der Löffelschmiede, Schlosser und anderer Berufe. Auch wer sich für das Spitzenklöppeln interessiert, sollte dieses Museum unbedingt besuchen. *Di–So 10.30–16.30 Uhr, Obere Schloßstraße (im Schloß), Tel. 03774/233 89*

RESTAURANTS

Gasthaus Neuwelt
Erkundigen Sie sich telefonisch, wann Bockbierfeste mit Schlachtplattenspezialitäten stattfinden. *Talstraße 3, Tel. 03774/226 20, Kategorie 3*

Kunst und Kneipe
Urig, Treff der Szene. Besteht aus zwei Einrichtungen: *Café Piano: Fr–Di ab 18 Uhr, Weinkeller Drachen: Mi–Sa ab 18 Uhr. Obere Schloßstraße 5, Tel. 03774/224 98, Kategorie 3*

EINKAUFEN

Jede Menge Volkskunsterzeugnisse im »Bunten Geschenkladen«, *Erlaer Straße 9,* die »Galerie S«, *Obere Schloßstraße 5,* bietet wechselnde Verkaufsausstellungen nationaler und internationaler Künstler.

ÜBERNACHTUNG

Erzgebirge
Kleines, gemütliches Haus, *21 Zi., Straße der Einheit 130, Tel. 03774/250 01, Fax 250 16, Kategorie 2*

Neustädter Hof
Auch anspruchsvolle Gäste können hier zufriedengestellt werden. *80 Zi., Grünhainer Str. 24, Tel. 03774/12 50, Fax 12 55 00, Kategorie 2*

Parkhotel
Ruhige Lage mit einzigartigem Blick auf die Stadt. *20 Zi., Klempnerweg 3, Tel. 03774/257 08 Fax 256 18, Kategorie 2*

Ratskeller
Schon kurze Zeit nach der Modernisierung gab es durch den Landesfremdenverkehrsverband ein Qualitäts-Gütesiegel. Zentrale Lage in der Altstadt. *13 Zi., Markt 1, Tel. 03774/232 48, Fax 232 49, Kategorie 2*

AUSKUNFT

Schwarzenberg-Information
Oberes Tor 5, 08340 Schwarzenberg, Tel./Fax 03774/225 40

Antonsthal **(G 3)**
Lebendige Geschichte findet man im Gebäude »Wäsche samt Pochwerk« (1828) der einstigen Antonsthaler Silbererzgrube. Das technische Schaudenkmal Silberwäsche zeigt die seit dem 16. Jh. im Erzgebirge üblichen Aufbereitungsanlagen für Erze. *Mo–Fr 13–16.30 Uhr, Jägerhäuser Straße 17, Tel. 03774/25 55*

Markersbach **(H 3)**
Die um 1200 erbaute St.-Barbara-Kirche gilt als älteste Dorfkirche Sachsens, die Innenausstattung stammt aus dem 16. bis 18. Jh. Interessant ist ein Blick in das *Holzmuseum* der noch produzierenden Holzfabrik. *Di–So 10–17 Uhr, Annaberger Straße 110, Tel. 03774/811 77.* Das in den sechziger und siebziger Jahren erbaute Pumpspeicherwerk, dessen Maschinenraum 100 m tief im Innern des Berges installiert wurde, gehört zu den besonders großen seiner Art in Europa. Vom Oberbecken auf dem Bergrücken Hundsmarter bietet sich ein schöner Blick.

Morgenleithe **(G 3)**
811 m hoher Berg südwestlich von Schwarzenberg mit Aussichtsturm und Berggaststätte. *Geöffnet nur Sa 11–18 Uhr und So 11–17 Uhr, Tel. 03771/261 11.* Die Anfahrt durch den Wald zum Gipfel ist nicht gestattet, der Pkw muß auf dem Parkplatz an der Straße Bernsgrün–Sosa zurückbleiben, von dort sind es 1,7 km zu Fuß.

Pöhla **(G 3)**
Bei Pöhla wurde vom 17. bis zum 20. Jh. nach Zinn, Eisen, Silber, Blei, Kupfer und Uran gegraben. Eine dieser Gruben wurde zum Besucherbergwerk Pöhla. Mannschaftstransportwagen bringen Sie auf einer 3000 m langen Strecke zu 12 m hohen und 45 m langen Zinnkammern, in denen noch schwere Technik steht. In den Zinnkammern finden auch Konzert- und Gesangsvorstellungen statt, deren Besuch sich schon wegen der phantastischen Akustik lohnt. *Führungen (3 bis 4 Std.) Mo–Fr 10 Uhr, Sa nach Voranmeldung ab 9 Uhr.* Umhang und Geleucht werden gestellt, das Mindestalter beträgt 10 Jahre. *Luchsbachtal, Tel. 03774/810 79, Fax 21 22 21*

Rittersgrün **(G 3)**
Das Bahnhofsgelände in Rittersgrün wurde zum *Schmalspurbahn-Museum.* Zu sehen sind eine 1912 in Chemnitz gebaute Lokomotive und 32 Schmalspurwagen von 1889 bis zur Neuzeit. Im Jahr 1889 dampfte zum ersten Mal eine Kleinbahn von Grünstädtel in das 9,4 km entfernte Oberrittersgrün, am 25. September 1971 fuhr der letzte Zug in den Bahnhof. *Di–Fr 9.30–12, 12.30–17 Uhr, Sa, So 9.30–12, 13–17 Uhr, Tel. 037757/74 40*

Sosa **(F 3)**
36 ha große Trinkwassertalsperre, zu der eine Autostraße im Ferienort Sosa abzweigt. Ein großer Parkplatz befindet sich nahe der 200 m langen Staumauer. Um die Talsperre führt ein etwa 10 km langer Rundweg. Vom kleinen Aussichtsfelsen haben Sie einen schönen Blick auf das Wasser und zum Auersberg. Durch den aufsteigenden Rauch nicht zu verfehlen ist die

etwa 50 m vom Parkplatz entfernte Köhlerei, in der Sie Holzkohle kaufen können.

Waschleithe **(G 3)**

★ Das Erzgebirge in Miniaturausgabe bietet das »Heimateck« am Seifenbach (nahe dem nördlichen Dorfausgang). Im Maßstab 1 : 40 sind hier detailgetreu rund sechzig bedeutende Bauwerke aus dem Erzgebirge zu sehen, bewegliche Szenen geben einen Einblick in den Alltag früherer Zeiten. *Mai–Okt. 8–18 Uhr.* Am Fürstenberg kann das *Lehr- und Schaubergwerk Herkules-Frisch-Glück* besichtigt werden. Der Einstieg in den 500 m langen Stollen in etwa 80 m Tiefe erfolgt über 250 Stufen. Von 1705–1921 wurden in der Grube Eisen und Marmor abgebaut. *Führungen ab 20 Personen (60 Min., Kinder ab 4 Jahre haben Zutritt) April–Okt. tgl. 9–16 Uhr, Nov.–März Mo–Fr 9–15 Uhr, für Einzelbesucher tgl. 14 Uhr, Tel. 03774/242 52.* Vom Parkplatz sind es 5 Min. zu Fuß, am Schaubergwerk besteht keine Parkmöglichkeit! Interesse erweckt stets die alte Ruine beim Parkplatz: Es ist die St.-Oswalds-Kirche (im Volksmund Dudelskirche genannt), die einstige Wallfahrtskapelle des Klosters Grünhain, die nach der Reformation verfiel. Auch wenn Sie weder Hunger noch Durst plagen: Wandern Sie zum *Hotel-Restaurant Köhlerhütte* (am Schaubergwerk links abbiegen), um einen Blick in die historische Köhlerstube und das Jagdzimmer zu werfen – wunderschön. *18 Zi., Tel. 03774/250 12, Fax 250 56, Kategorie 3*

Blick vom Auersberg zur Talsperre Sosa

Städte mit reicher Geschichte

Prachtvolle Bauten und kostbare Kunstwerke erinnern an früheren Reichtum

Drei Eingangstore hat das Erzgebirge: Chemnitz, Freiberg und Zwickau, drei Städte mit reicher Geschichte und großen wirtschaftlichen Traditionen. Aus der Ferne wirken sie mit ihren grauen Fabrikgebäuden und Dutzenden von Schornsteinen wenig einladend, man muß näher treten und wird staunen über prachtvolle Bauten, gepflegte Parks und eine Fülle von kulturhistorischen Kostbarkeiten. In Chemnitz war es vor allem der Maschinenbau, der zu Wohlstand führte. Was im Freiberger- und Zwickauer Gebiet wirtschaftliche Blüte hervorbrachte, lassen die Geröllhalden erkennen: der Bergbau. Nach manchem Auf und Ab war damit 1977 endgültig Schluß, in jenem Jahr rollte im Zwickau-Oelsnitz-Lugauer-Steinkohlenrevier der letzte Hunt mit Steinkohle aus dem Förderkorb. Alle drei Städte sind in das waldreiche hügelige Erzgebirgsvorland eingebunden.

Die weltweit berühmte Goldene Pforte im Freiberger Dom erzählt in Sandstein gemeißelt die biblische Geschichte

CHEMNITZ

(**L–M 4**) Die drittgrößte Stadt Sachsens besitzt ein trostloses weiträumiges Zentrum. Drei Monate vor Ende des Zweiten Weltkrieges ging die Altstadt im Bombenhagel unter; was zu DDR-Zeiten entstand, kann nur als Fragment bezeichnet werden. »Ruß-Chemnitz« wurde die Stadt (273 900 Ew.) einst verächtlich genannt, respektvoll aber auch »sächsisches Manchester«. Denn Chemnitz war die Metropole des deutschen Maschinenbaus. Gegenwärtig wandelt sich die Stadt vom Industriestandort zum Verwaltungs-, Handels- und Dienstleistungszentrum.

Das riesige Marx-Monument von dem Russen Lew Kerbel in der Brückenstraße ist eine bronzene Erinnerung an die Zeit von 1953–90, in der die Stadt den Namen von Karl Marx tragen mußte – gemäß einem Beschluß des SED-Politbüros. Chemnitz besitzt überraschend viele Parkanlagen: 60 qm Grün kommen auf jeden Einwohner – die wald- und wiesenreiche Umgebung nicht mitgerechnet. Durch den Küchwaldpark am nördlichen Stadt-

MARCO POLO TIPS FÜR DAS ERZGEBIRGSVORLAND

1 **Schloß Augustusburg**
Mit der Drahtseilbahn zu drei Museen, Adler- und Falkenhof und Aussichtsturm (Seite 62)

2 **Freiberger Dom**
Die weltberühmte Goldene Pforte und weitere Kunstwerke (Seite 65)

3 **Domkonzerte**
Phantastischer Klang von zwei Silbermannorgeln erfüllt den Freiberger Dom (Seite 67)

4 **Agrarmuseum Blankenhain**
Bäckerei, Dorfschule, Bauernhöfe und ein Rittergut laden zum Besuch ein (Seite 71)

rand können Sie sich sogar fahren lassen, von April bis Okt. verkehrt auf einem 2,3 km langen Rundkurs die Parkeisenbahn.

BESICHTIGUNGEN

Markt
Das alte Rathaus mit dem vorgesetzten Turm entstand Ende des 15. Jhs., das mit ihm verbundene Neue Rathaus Anfang des 20. Jhs. Zum regelmäßigen Zeremoniell wurden wieder die Stundenrufe der Chemnitzer Türme, die einst Feinde und Brände signalisierten. Heute sind die Rufe nicht mehr stündlich zu hören, sondern nur *Do, So 20 Uhr, im Winter 18 Uhr.* Dann erklingt »Hört Ihr Leut und laßt Euch sagen ...« vom Rathausturm. Die sich an das alte Rathaus anschließende Jakobikirche (1404–1412) wurde nach dem Vorbild der alten Sebalduskirche zu Nürnberg erbaut. Das barocke Siegert'sche Haus (1727–1741) entstand für einen reichen Kaufherrn. An den Markt grenzt der Rosenhof, benannt nach Hunderten von Rosenstöcken, die von den Partnerstädten Coventry, Oradour, St. Petersburg und Lidice kamen.

Roter Turm
Einzig erhalten gebliebenes Relikt der Stadtbefestigung, Jahrhunderte Sitz des Stadtgerichtes und Stadtgefängnisses. Das schlichte Bauwerk avancierte sonderbarerweise zum Wahrzeichen von Chemnitz. *Straße der Nationen*

Schaubergwerk Felsendome Rabenstein
Beeindruckend sind domartige Weitungen, die beim Abbau von Kalkstein von 1375–1908 entstanden. *Führungen (45 Min.) Mi bis Mo 9–16 Uhr, Weg nach dem Kalkwerk 5, Tel. 0371/85 10 11*

Schloßkirche
Kunsthistorische Bedeutung besitzen das Hauptportal (1525) aus in Stein nachgeahmten geschälten Baumstämmen und die von Hans Witten geschaffene 3,60 m hohe Geißelsäule (um 1515). Die drei-

schiffige Hallenkirche stammt vermutlich von Anfang des 16. Jhs. *Schloßberg*

MUSEEN

Industriemuseum
Oldtimer aus der Textil- und Werkzeugmaschinenproduktion und vieles mehr. *Di–Fr 9–15 Uhr, So 9–12 Uhr, Annaberger Straße 114, Tel. 0371/507 21*

Museum für Naturkunde
Blickfang vor dem Museum bildet der 250 Millionen Jahre alte Versteinerte Wald. *Di–So 10–17 Uhr, Theaterplatz 1 (im König-Albert-Museumsbau), Tel. 0371/60 91 60*

Schloßbergmuseum
In zwei Flügeln des ehemaligen Benediktinerklosters wird Stadt- und Regionalgeschichte gezeigt, besonders über Georgius Agricola gibt es viel zu erfahren. *Di bis So 10–17 Uhr, Schloßstraße 12, Tel. 0371/488 45 00, Fax 488 45 01*

Städtische Kunstsammlungen
Die Textil- und Kunstgewerbesammlung ist berühmt. Zu den Kostbarkeiten gehören 500 Stofffragmente aus oberägyptischen Gräberfunden. Das Museum besitzt 1500 Arbeiten der Malerei und Plastik sowie 25 000 Aquarelle, Druckgraphiken und Handzeichnungen. *Di–So 10 bis 17 Uhr, Theaterplatz 1, (im König-Albert-Museumsbau), Tel. 0371/60 91 40, Fax 60 91 24*

RESTAURANTS/CAFÉ

Café Schillerplatz
Treff von Künstlern, Sportlern, Journalisten. Hier finden Sie den längsten Tresen in Chemnitz: 18 m! *Obere Aktienstraße 2 (Ecke Straße der Nationen), Tel./Fax 0371/41 19 32, Kategorie 2*

Eiscafé Temmler
Die Chemnitzer schwören, in dem glasüberdachten Schleck-Tempel gibt es Sachsens bestes Schoko-Eis. Und weitere 49 Sorten. *Zschopauer Straße 184, Tel. 0371/558 00*

Fuchsbau
Diskothek und Musikkneipe mit Nischen und Flaniermeile; Szenetreff, Studentenlokal. Geöffnet nicht vor 20 Uhr, dafür aber bis in den frühen Morgen. *Carolastraße 8, Tel. 0371/17 17, Kategorie 3*

Marktrestaurant Zum Türmer
Fleisch aus umweltgerechter und naturnaher Tierhaltung vom Sächsischen Agrarhof Gospersgrün. *Am Markt 19, Tel. 0371/44 63 68, Kategorie 2*

Ratskeller
Feine Küche, unter zehn Dutzend Weinen aus Deutschland, Frankreich, Italien können Sie wählen. *Am Markt 1, Tel. 0371/616 05, Kategorie 1*

Villa Posthof
Phantastischer Wintergarten, Küche mit italienischem Einschlag. *Zwickauer Straße 154, Tel. 0371/30 61 46, Kategorie 1*

EINKAUFEN

Bildende und angewandte Kunst bietet die Galerie Schmidt-Rottluff, *Markt.* 1995 öffnete wieder die über hundertjährige, originalgetreu restaurierte Markthalle zwischen Hartmannstraße und Kaßbergauffahrt. 170 Händler bieten auf 4500 m^2 ihre Waren an.

ÜBERNACHTUNG

Adelsberger Parkhotel Hoyer
Eine sehr gute Adresse in Chemnitz; behindertengerecht. *27 Zi., Wilhelm-Busch-Str. 61, Tel. 0371/77 33 03, Fax 77 33 77, Kategorie 1, Wochenende Kategorie 2*

Günnewig Hotel Chemnitzer Hof
Stilvolles Ambiente im traditionsreichsten Haus der Stadt; behindertengerecht. *111 Zi., Theaterplatz 4, Tel. 0371/68 40, Fax 625 78, Kategorie 1*

Jugendherberge
🚸 Am Stadtrand in ländlich-waldreicher Gegend. *58 Betten, 1 Familienzimmer, Augustusburger Straße 369, Tel. 0371/713 31, Kategorie 3*

Mercure Kongress Chemnitz
Das höchste Gebäude im Stadtzentrum, kleine aber passabel eingerichtete Zimmer, Nichtraucheretagen. *386 Zi., Brücken-Straße 19, Tel. 0371/68 30, Fax 68 35 05, Kategorie 1*

SPIEL UND SPORT

Das 1929–35 im Bauhausstil errichtete Stadtbad war seinerzeit das größte und modernste Hallenbad Europas. Vor einigen Jahren wurde es modernisiert. *Am Schloßteich* mitten im Stadtzentrum werden von *Mai bis Okt. Di–So* Ruderboote und Wassertreter ausgeliehen. Das *Familien-FKK-Bad* im Mühlengrund hat von *Mai–Sept.* geöffnet.

AM ABEND

Im *Opernhaus,* 1992 nach fünfjähriger Rekonstruktion mit moderner Bühnentechnik wiedereröffnet, stehen auch Operette und Ballett auf dem Spielplan, *Theaterplatz 2.* Das *Schauspielhaus* befindet sich am *Park der Opfer des Faschismus.* Zu vielseitigen Veranstaltungen wird in die *Stadthalle* geladen, *Rathausstraße 1.* Im Gewölbe der Markthalle spielt das 1. Chemnitzer Kabarett. 🚸 Erste Adresse für Rock und Jazz ist das »Kraftwerk« – hier geben sich Stars und Gruppen der Städtischen Musikszene die Klinke in die Hand. *Zwickauer Str. 152*

AUSKUNFT

Tourist-Information
Rathausstr. 1 (in der Stadthalle), 09111 Chemnitz, Tel. 0371/450 87 50, Fax 450 87 25

ZIELE IN DER UMGEBUNG

Augustusburg **(M 4)**
★ Für Schloß Augustusburg sollten Sie einen ganzen Tag einplanen. Denn in dem Jagd- und Lustschloß von Kurfürst August I. in der gleichnamigen Stadt gibt es viel zu sehen. Drei Museen sind im Schloß zu Hause: das *Motorradmuseum,* das die hundertjährige Geschichte des Motorrads dokumentiert; das *Museum für Jagdtier und Vogelkunde* des Erzgebirges mit interessanten Dioramen, und in einem ehemaligen Stallgebäude das *Kutschenmuseum.* Die Schloßkapelle ziert ein Altarbild von Lucas Cranach d. J., im *Adler- und Falkenhof* erleben Sie Steinadler, Gänsegeier und Bussarde im freien Flug.

Während der *Vorführungen (45 Min.)* erfahren Sie Wissenswertes über die historische Beizjagd. *April–Sept. Di–Fr 11, 15 Uhr, Sa, So, Feiertage außerdem 17 Uhr, März, Okt. Di–So 11, 15 Uhr, Nov.–Feb. Sa, So 14. Uhr.* Der Schloßbrunnen wurde 130,6 m tief in den Fels getrieben, Zwangsarbeiter schufteten sieben Jahre daran. Der Aussichtsturm bietet mehrere Ausstellungen, und nach dem Aufstieg über 130 Stufen eine herrliche Fernsicht. Die gesamte Anlage hat geöffnet: *Mo bis Fr 9–18.00 Uhr, Sa, So, Feiertag bis 18.30 Uhr, Nov.–März Mo–Fr 10–17 Uhr, Sa, So, Feiertag bis 17.30 Uhr, Tel. 037291/202 67.*

Die *Schloßgaststätte* wartet mit regionaler Küche auf. *Tel. 037291/63 75, Kategorie 2.* Die Anfahrt mit dem Pkw bis vor das Schloßtor ist nicht möglich, in der Stadt Augustusburg stehen zwei große Parkplätze bereit, von dort sind es etwa 10 Min. Fußweg bis zum Schloß. Empfehlenswert: Mit der Bahn von Chemnitz bis Erdmannsdorf und von dort weiter mit der zum Fuße des Schloßberges führenden Drahtseilbahn. *Mo bis Fr von 6.30–18 Uhr, So, So, Feiertag von 8.15-19 Uhr alle 15 bis 20 Min.*

Hainichen **(M 3/N 3)**

Auf dem Marktplatz steht das Denkmal für den 1865 in Hainichen (9700 Ew.) geborenen Christian Fürchtegott Gellert (1715 bis 1769), einen der herausragenden deutschen Dichter der Aufklärung. Ernst Rietschel, der Schöpfer des Goethe-Schiller-Denkmals in Weimar und des Luther-Denkmals in Worms, lieferte den Entwurf. Mit Leben und Werk Gellerts macht das *Gellert-Museum* bekannt. *April bis Sept. Di–Do 10–12, 13–16 Uhr, Sa 14–17 Uhr, So 10–12, 14–17 Uhr, Okt.–März Mi, Do 10–12, 14–16 Uhr, Sa, So 14–16 Uhr, Oederaner Straße 10, Tel. 037207/ 24 98.* Auf dem Rahmenberg spiegelt die *Camera obscura* die Umgebung in lebenden Bildern wider: Der im Turm eingebaute Spiegel überträgt das aufgefangene Bild auf eine Linse, die den verkleinerten Bildausschnitt auf eine tischähnliche Platte projiziert. *Mai–Sept. Mi bis So 10–12, 13–16 Uhr*

Das Renaissance-Schloß Augustusburg beherbergt drei Museen

Hohenstein-Ernstthal **(K 4)**
Die von 1927 bis 1991 veranstalteten Motorradrennen auf dem Sachsenring und Karl May haben die Stadt (16 000 Ew.) bekannt gemacht. Der geistige Vater von Winnetou und Old Shatterhand kam 1842 in einem schmalen dreistöckigen Weberhäuschen in der heutigen Karl-May-Straße 54 zur Welt. *Di 9–12 Uhr, Mi, Do 9–12, 12.30–17 Uhr, Sa, So 12.30 bis 17 Uhr, Tel. 03723/21 59*

Klaffenbach **(L 5)**
Das einzige Wasserschloß (1615) in der Umgebung von Chemnitz präsentiert sich nach aufwendigen Restaurierungen seit 1995 als Kultur- und Freizeitzentrum mit Künstler- und Kunsthandwerkerateliers, Konzertraum, Standesamt. ✱ Ins ehem. Wirtschaftsgebäude zog das *Sächsische Fahrzeugmuseum.* Viele Exponate sind die einzig erhalten gebliebenen Benzinkutschen ihrer Bauart. Auf einer Pinnwand bieten und suchen Kfz-Fans aus allen Himmelsrichtungen Oldtimer. *Mi–Fr. 14–18 Uhr, Fr–So 10–18 Uhr.* Das *Schloßhotel* bietet *49 Zi.* und zwei historische Hochzeitszimmer. *Tel. 0371/260 70 18, Fax 260 70 17, Kategorie 1*

Naherholungszentrum Oberrabenstein **(L 4)**
20 Min. Fahrt sind es vom Chemnitzer Zentrum bis Oberrabenstein. Den 6,5 ha großen Stausee säumen ein 400 m langer Strand, Liegewiesen mit Strandkörben und Wald. Im Wildgatter kann einheimisches Wild beobachtet werden. In der *Burg Rabenstein,* der kleinsten erhaltenen Burganlage Sachsens, informiert eine Ausstellung über die 600jährige Geschichte. *Mai bis Okt. Di–So 9–12, 13–18 Uhr, Oberfrohnaer Straße 147, Tel. 0371/ 85 33 53.* Durch den Rabensteiner Wald führen zahlreiche Wanderwege. Der Campingplatz ist behindertengerecht: *April bis Okt., Tel. 0371/85 06 08, Fax 85 20 38.* Zum technischen Denkmal wurde der Eisenbahnviadukt über die Oberfrohnaer Straße erklärt, der 1897 in Ganzmetallbauweise entstand; das war seinerzeit eine technische Meisterleistung. Klein aber fein: *Burghotel Rabenstein. 20 Zi., Grünaer Straße 2, Tel. 0371/85 65 02, Fax 85 05 79, Kategorie 1*

Stausee Oberwald **(K 4)**
16 ha großer Stausee nordwestlich von Hohenstein-Ernstthal (bei Reichenbach, direkt an der A 4). 360 m langer Badestrand mit FKK, die Wasserrutsche hat eine Länge von 64 m. Wenn kein Badewetter herrscht, muß es nicht langweilig werden: Minigolfanlage, Kegelbahn, Freiluftschach sind vorhanden, Fahrräder, Boote und Wassertreter können gemietet werden.

FREIBERG

(O 3) 5200 Tonnen Silber wurden um Freiberg in 800 Jahren zu Tage gefördert. Das hat eine Menge Geld eingebracht, was die Bauwerke in der Stadt (47 000 Ew.) anschaulich belegen. Heute wird der mittelalterliche Stadtkern als Silberader Freibergs bezeichnet, denn seinetwegen kommen die Touristen. Freiberg rühmt sich der 1765 gegründeten und noch heute bestehenden ersten Montan-Hochschule der Welt und der bedeutendsten Orgel von Gottfried Silbermann. Wer ihre phantastische Klangfülle bei einem Domkonzert erlebt, dem wird Freiberg, »Mutter der sächsischen Bergstädte« genannt, unvergeßlich bleiben.

BESICHTIGUNGEN

Altstadt

Ein immer wieder beeindruckender Platz ist der *Obermarkt* mit dem Brunnendenkmal (1898) des Stadtgründers, Markgraf Otto I. von Meißen. Das *Rathaus* (1410–1414) war im Mittelalter das größte in Sachsen, *tgl. 11.15 und 16.15 Uhr* erklingt von ihm das Glockenspiel. Durch das Kirchgäßchen erreicht man den *Petriplatz* mit der *Petrikirche* (13. bis 15. Jh.). Der ehemalige Domherrenhof (nach 1484) am *Untermarkt* beherbergt das *Stadt- und Bergbaumuseum.* Schloß Freudenstein diente Anfang des 16. Jhs. Heinrich dem Frommen als Residenz. Das *Schloß,* nach 1800 als Getreidelager genutzt, wird gegenwärtig restauriert. In der *Nonnengasse* befindet sich das Stammgebäude der Bergakademie.

Dom

★ Das schlichte Äußere läßt die prunkvolle Ausstattung kaum er-

Freiberg – Marktbrunnen mit Stadtgründer Markgraf Otto I. von Meißen

ahnen. Die lebensgroßen Figuren der zwölf Apostel sowie der klugen und törichten Jungfrauen (um 1510) gehören zum Wertvollsten, was die Kunst der Spätgotik hinterlassen hat, die Tulpenkanzel (1508–1510) von Hans Witten zu den einfallsreichsten plastischen Schöpfungen dieser Stilepoche. Der Dom besitzt Silbermanns älteste und größte Orgel, sie hat drei Manuale, 45 Register und 2674 Pfeifen; die kleine Silbermann-Orgel kam erst 1939 in den Dom. Weltberühmt wurde die Goldene Pforte, die zu den besten Zeugnissen der mittelalterlichen Bau- und Bildkunst gehört. In Sandstein gemeißelt erzählt sie in gedrängter Form die gesamte biblische Geschichte. Die Prunkgrabmäler stammen aus dem 16. und 17. Jh., als der Dom Grablege der protestantischen Wettiner war. *Führungen (1 Std.) Mai–Okt. tgl. 10, 11, 14, 15, 16 Uhr; April bis Nov. 11, 14, 15 Uhr; ganzjährig So, Feiertage 11, 14, 15 Uhr. Führung mit Orgelspiel Mai–Okt. Do 14 Uhr, ganzjährig So 11 Uhr*

Sächsisches Lehr- und Besucherbergwerk »Himmelfahrt-Fundgrube«

Fuchsmühlenweg 9, Tel. 03731/ 39 45 71, Fax 221 95

Tagesanlagen Alte Elisabeth: Die ältesten erhaltenen Schachtgebäude des Freiberger Bergbaus mit der originalen Ausstattung im Inneren. *Führungen (1 Std.) Mai bis Sept. Mo–Fr 13 Uhr, Sa 10, 14 Uhr, So 11 Uhr.*

Schacht Reiche Zeche: Ein komplettes und funktionsfähiges Silberbergwerk. *Untertageführungen (2 Std.),* Schutzkleidung wird gestellt, Mindestalter 12 Jahre. *Mo bis Fr 9.30 Uhr, ersten Sa im Monat 8, 11, 14 Uhr, von Mai–Aug. jeden Sa*

MUSEEN

Geowissenschaftliche Sammlungen

Im Werner-Bau *(Brennhausgasse 14)* werden aus den Sammlungen der Bergakademie Freiberg Minerale, Erze, Gesteine gezeigt, *Mi bis Fr 9–12, 13–16 Uhr, Sa 9 bis 16 Uhr.* Im Humboldt-Bau *(Bernhard-von-Cotta-Straße 2)* sind Fos-

Bergbau-Lexikon

Abteufen	Niederbringen eines Schachtes
Fahren	das Fortbewegen des Bergmanns unter Tage
Geleucht	unter Tage verwendete Leuchten
Gezähe	Werkzeuge des Bergmanns
Hunt	untertägiger Förderwagen
Huthaus	Gebäude zum Aufbewahren des Gezähe
Kaue	Wasch- und Umkleideraum der Knappen
Knappe	Bergmann
Pinge	durch Grubeneinsturz entstandener Trichter
Steiger	Aufsichtsbeamter unter Tage
Teufe	Abstand von der Tagesoberfläche bis zum untersten Gang
Wetter	Grubenluft
Zeche	Bergwerk

silien und Kohlen zu sehen. *Mi bis Fr 9–12, 13–16 Uhr, Tel. 03731/51 22 64*

Naturkundemuseum
Bergbaulandschaft, Ökologie und Naturschutz sind die Schwerpunkte der Ausstellung. *Di–Fr 9–17 Uhr, Sa, So 10 bis 16 Uhr, Waisenhausstraße 10, Tel. 03731/235 53*

Stadt- und Bergbaumuseum
Bergbaugeschichte, eine große Kunstsammlung, vor allem spätmittelalterliche sakrale Plastik, und Kunsthandwerk. *Di–So 10 bis 17 Uhr, Am Dom 1, Tel. 03731/231 97*

RESTAURANT/CAFÉS

Brauhof
Zu den Spezialitäten gehört gegrillte Schweinshaxe in deftiger Biersoße mit gebackenen Klößen und Weinsauerkraut. *Körnerstraße 2, Tel. 03731/232 81, Kategorie 3*

Café Andell
Die besten Eierschecken Freibergs, alles aus eigener Herstellung. *Untermarkt 26 (gegenüber dem Dom), Tel. 03731/230 01*

Café Hartmann
Nur hier ist der Freiberger Bauernhase zu haben; kleine Speisekarte. *Mo geschl., sonst nur bis 18 Uhr, Peterstraße 1a, Tel. 03731/228 07, Kategorie 3*

EINKAUFEN

Mineralien und Schmuck in der Freiberger Zinn- und Mineralienstube, *Korngasse 3.* Kunstgewerbliches aus dem Erzgebirge bei Perner, *Obermarkt 17.* Autorisiertes Fachgeschäft für das weltbekannte Meißner Porzellan: Porzellanhaus Kießling, *Peterstraße 12*

ÜBERNACHTUNG

Hubertushof
Der ehemalige Bauernhof, still und schön gelegen, ist nun eine Pension, die man empfehlen kann. *30 Zi., Hubertusweg 2, Tel. 03731/723 16, Kategorie 3*

Kreller
Eine gute Adresse, ideale Zentrumslage; behindertengerecht. *28 Zi., Fischerstraße 5, Tel. 03731/235 50, Fax 232 19, Kategorie 2*

Kronprinz
Zu DDR-Zeiten »HO-Hotel Freundschaft« – heute alles neu! *20 Zi., Bahnhofstraße 19, Tel. 03731/35 52 50, Fax 35 52 16, Kategorie 2*

AM ABEND

Schauspiel, Oper, Operette und Musical bietet das *Mittelsächsische Theater, Borngasse 1–3.* ★ Konzerte im *Dom* auf den zwei Silbermann-Orgeln gehören zu den Höhepunkten, *Mai–Okt. Do 20 Uhr.* Junge Leute treffen sich zur Disko im *Ballhaus Tivoli, Dr.-Külz-Straße*

AUSKUNFT

Freiberg-Information
Burgstraße 3, 09599 Freiberg, Tel. 03731/236 02, Fax 27 31 30

ZIELE IN DER UMGEBUNG

Oederan (N 4)
Freiluftausstellung »Klein Erzgebirge«: Etwa 80 der schönsten

und historisch interessantesten Bauwerke des Erzgebirges auf einem Fleck – in Miniaturnachbildung. *Mai–Okt. tgl. 9–18 Uhr, Stadtpark, Tel. 037292/281.* Informationen zur Stadtgeschichte vermitteln das *Heimatmuseum, Di bis Fr 9–12, 13–16 Uhr, 1. und 3. Wochenende 13–17 Uhr, Pfarrgasse 5, Tel. 037292/281* und die *Historische Handweberei, Di–Fr 9–12, 13–16 Uhr, 1. und 3. Wochenende 9–15.30 Uhr, Richard-Wagner-Str. 1, Tel. 037292/49 61*

Tharandter Wald (O–P 2–3)
Einst als schönster Wald Sachsens gerühmt. In der Mitte des geschlossenen Waldgebietes von 6000 ha Größe das zum Kurort Hartha gehörende *Jagdschlößchen Grillenburg* mit einer jagd- und forstwirtschaftlichen Lehrschau. *Di–So 10–17 Uhr, Tel. 035202/20 27.* Im 18 ha großen *Forstbotanischen Garten* wachsen 2000 verschiedene Gehölze und Sträucher, auf 10 km langen Wegen können Sie spazieren. *April bis Okt. Mi, Do, Sa–Mo 8–17 Uhr.* Der Garten entstand mit der 1811 gegründeten Forstlehranstalt, aus der fünf Jahre später die Königlich Sächsische Forstakademie hervorging. Gründer war Heinrich Cotta (1763–1844), der »Vater der Forstwissenschaften«. Im 1842 als Vorlesungssaal erbauten *Schweizerhaus* in Tharandt wird eine Forstbotanische Ausstellung gezeigt. *April–Okt. Mo, Mi, Do, Sa, So 8–17 Uhr, Tel. 035203/373 31, Fax 374 95.* Die Ruine der alten Burg, die malerisch über Tharandt thront, stammt aus dem 13. Jh. »Heilige Hallen« tauften die Romantiker den Rotbuchenwald am Hang des Weißeritztales oberhalb von Tharandt.

ZWICKAU

(E–F 1–2) Der Silber- und später dann der (1977 eingestellte) Steinkohlenbergbau haben in dem wirtschaftlichen und geistig-kulturellen Zentrum Westsachsens eindrucksvolle kontrastierende Spuren hinterlassen: gewaltige Abraumhalden am Stadtrand und prachtvolle Bauten im Zentrum. Denn der Bergbau führte Zwickau (111 000 Ew.) zu wirtschaftlicher und kultureller Blüte. Philipp Melanchthon, der Mitstreiter Luthers, urteilte 1548: »In Kunst und Wissenschaft übertrifft Zwickau alle Städte dieser Lande.« Ganz so ist es heute nicht mehr, denn die anderen haben mächtig nachgezogen, und Zwickaus Glanz verblaßte in den Jahrhunderten nach Melanchthon. Kunst und Wissenschaft sind aber dennoch bedeutend. Tradition besitzt Zwickau auch im Automobilbau, der 1904 mit Horch und 1909 mit Audi begann und den VW im nahen Mosel fortsetzt. Vom Fernblick im Nordwesten der Stadt (Werdauer Straße) haben Sie einen schönen Rundblick auf Zwickau.

BESICHTIGUNGEN

Dom St. Marien
Obwohl Zwickau nie Bischofssitz war, wird Zwickaus Hauptpfarrkirche Dom genannt. Der aufwendigste und reichste Bau obersächsischer Spätgotik schmückt sich mit einer wertvollen Ausstattung. Prachtstück sind der spätgotische 7 m breite und 2,5 m hohe Kunigunden-Altar (1479) und die Pietà, das um 1502 geschaffene Hauptwerk des Zwickauer Bildschnitzers Peter Breuer.

Vor den Baumeistern der Vergangenheit muß respektvoll der Hut gezogen werden: Durch den Steinkohlenbergbau bedingt senkte sich die Kirche von 1900–1976 um insgesamt 3,86 m, was jedoch bis heute erstaunlicherweise zu keinen nennenswerten Schäden führte. *Mo–Fr 9–18 Uhr, Besteigung des 87 m hohen Turms 15.30 Uhr*

Hauptmarkt

Ein großartiges Beispiel mittelalterlicher Stadtbaukunst. Im Haus der Tuchmacher (1522 bis 1525), *Gewandhaus* genannt, spielt seit 1823 das *Stadttheater.* Daneben das *Rathaus,* das 1866/67 seine neugotische Fassade erhielt. Zu den sehenswerten Häusern gehören das als Gedenkstätte eingerichtete *Geburtshaus von Robert Schumann (Nr. 5),* das *Kräutergewölbe* aus den Jahren um 1470 *(Nr. 17/18)* und das *Dünnebierhaus* von 1480 *(Nr. 26).*

Katharinenkirche

Berühmtester Prediger war der radikale Reformator Thomas Müntzer 1520/21. Der große Altar (1517) stammt aus der Werkstatt von Lucas Cranach d. Ä., den »Auferstandenen Christus« (1497/98) am nördlichen Chorpfeiler fertigte der berühmte Zwickauer Bildschnitzer Peter Breuer. *Katharinenstraße*

Robert-Schumann-Denkmal

Wie eine Schachfigur haben die Zwickauer das Denkmal ihres berühmtesten Sohnes in der Stadt herumgeschoben: 1901 wurde die überlebensgroße Bronzeplastik auf dem Hauptmarkt enthüllt, 1938 wuchtete man sie in die Nähe des Kornmarktes, 1948 in die Grünanlagen am Schwanenteich. 1993 transportierte man den Komponisten wieder in die historische Altstadt zurück. Ob er bei Ihrem Besuch noch zwischen Hauptmarkt und Altem Steinweg sitzt?

Schloß Osterstein

Ein Beispiel dafür, wie ein Bauwerk verfällt, wenn nichts für seinen Erhalt getan wird: Obwohl von der DDR zum »Denkmal von nationaler und internationaler Bedeutung« erklärt, zeigt sich das Schloß heute als marode und vom Verfall bedroht. Derzeit wird es gesichert, vorgesehen ist ein Hotel- und Kongreßzentrum. Das einst repräsentative Renaissanceschloß diente von 1775 bis 1962 als Strafanstalt, die wohl prominentesten Häftlinge waren August Bebel und der Schriftsteller Karl May. *Nähe Katharinenkirche*

MUSEEN

Automobilmuseum »August Horch«

Zwickau schrieb Automobilgeschichte, so durch die bejubelten Siege der legendären Rennfahrer Bernd Rosemeyer und Hans Stuck in den dreißiger Jahren, deren Autos in Zwickau gebaut wurden. Zu sehen ist auch das letzte stinkende DDR-Zweitaktauto Trabant, das 1991 vom Band rollte. *Di, Do 9–12, 14–17 Uhr, Sa, So 10–17 Uhr, Walter-Rathenau-Straße 51, Tel. 0375/20 52 18*

Robert-Schumann-Haus

Leben und Werk von Robert und Clara Schumann. *Di–Fr 10 bis 16 Uhr, Sa 12–16 Uhr, Hauptmarkt 5, Tel./Fax 0375/252 69*

Städtisches Museum
Stadtgeschichte, Malerei, Grafik und Plastik vom 16. bis zum 20. Jh. Das Bauwerk mit zentralem Kuppelbau und symmetrisch gestalteten Seitenflügeln entstand 1912–1914 als Museum, Sachsens König Friedrich August weihte es ein. *Di–Fr 9–17 Uhr, Sa, So 10 bis 17 Uhr, Lessingstraße 1, Tel. 0375/23707*

RESTAURANTS/CAFÉS

Domkeller
Gemütliches Restaurant mit solider Küche, Studententreff. *So geschl., Peter-Breuer-Straße 15, Tel. 0375/295213, Kategorie 3*

Konditorei & Café Engelmann
Große Kuchenauswahl aus eigener Herstellung. *Innere Plauensche Straße 12a, Tel. 0375/243346*

Posthalterei
Hierher gehen die Zwickauer, wenn sie gut essen möchten. *Katharinenstraße 27, Tel. 0375/25350, Kategorie 1*

Zur alten Mühle
Herzhafte Speisen in einem gemütlichen rustikalen Rahmen. *Gewandhausstraße 7, Tel. 0375/472950, Kategorie 2*

EINKAUFEN

Wer zum Shopping gehen möchte, sollte nach Zwickau fahren. Denn keine andere Stadt in dieser Region wartet auf engem Raum mit so vielen hübschen Geschäften und kleinen Warenhäusern auf. *Äußere- und Innere Plauensche Straße, Hauptstraße* und *Hauptmarkt* sind Zwickaus beliebteste Adressen. In der Galerie am Domhof, *Domhof 2,* können nicht nur Kunstfreunde fündig werden.

ÜBERNACHTUNG

Achat
Neues Haus zum Wohlfühlen; Hotel und Boardinghaus. *63 Apartments, 146 Zi., Leipziger Straße 180, Tel. 0375/8720, Fax 872999, Kategorie 1*

Am Windberg
Touristenhotel in ruhiger Lage außerhalb des Zentrums, Zimmer mit unterschiedlicher Ausstattung. *115 Zi., Werdauer Straße 161, Tel. 0375/523418, Fax 523419, Kategorie 2, 3*

Park Eckersbach
Familiengeführtes modernisiertes Haus. *16 Zi., Trillerplatz 1, Tel. 0375/475572, Fax 475801, Kategorie 2*

SPIEL UND SPORT

Imponierend: die 92,5 m lange Wasserrutsche im *Strandbad Planitz.* – Bei schönem Wetter beleben Ruderboote den Schwanenteich im Herzen der Stadt, dessen gepflegte Grünanlagen Jogger und Spaziergänger mögen.

AM ABEND

Schauspiel, Oper und Operette stehen auf dem Spielplan des *Zwickauer Theaters, Neuberinplatz 1.* Das intime *Theater in der Mühle* etablierte sich im Keller der letzten Stadtmühle. Hinter dem sozialistisch anmutenden Namen *Konzert- und Ballhaus Neue Welt* verbirgt sich der größte, noch im Original erhaltene Jugendstilsaal

Sachsens, *Leipziger Straße 182.* Nachtschwärmer besuchen gern die *Palast-Nachttanzbar, Hauptstraße 8*

AUSKUNFT

Tourist Information
Hauptstraße 6, 08056 Zwickau, Tel. 0375/29 37 13, 29 37 14, Fax 29 37 15

ZIELE IN DER UMGEBUNG

Blankenhain **(D 1)**
★ Das einstige Leben der Dorfbevölkerung wird im Agrar- und Freilichtmuseum Schloß Blankenhain mit Bäckerei, Schule, Windmühle, Bierbrauerei und Bauernhöfen anschaulich dargestellt. *März–Mitte Dez. Di bis So 10–17 Uhr, Mai–Okt. tgl. bis 18 Uhr, von Nov.–April ist nur das Schloß zugänglich, Tel./Fax 036608/23 21*

Fraureuth **(D 1)**
Ein Erlebnis sind Konzerte in der schönen Dorfkirche auf der von Gottfried Silbermann in den Jahren 1739/40 erbauten Orgel. Übernachtungsmöglichkeiten bestehen im Ratskeller. *12 Zi., Restaurant mit deftiger Küche, Markt 5, Tel./Fax 03761/36 14, Kategorie 3*

Glauchau **(F 1)**
Die barocke St.-Georg-Kirche schmückt sich mit einer Orgel von Gottfried Silbermann. Das Schloß Hinterglauchau, erbaut um 1480, beherbergt ein Museum und eine Kunstsammlung mit Malern u. a. des Expressionismus. Sonderausstellungen über die Weber. *Di 9–12, 13–17 Uhr, Fr–So 14–17 Uhr, Tel. 03763/29 31*

Hirschfeld **(E 2)**
»Die grüne Oase unweit von Zwickau« wird der Tierpark Hirschfeld gern genannt. Rund 600 Tiere in 90 Arten tummeln sich auf dem 18 ha großen Gelände. *Tgl. 9–18 Uhr, im Winter bis 17 Uhr, Tel. 037607/52 39.* Proviantbeutel müssen nicht mitgenommen werden, Hunger und Durst lassen sich in der *Gaststätte Bärenschänke* stillen. *Im Tierpark, Tel. 037607/52 39, Kategorie 3*

Oelsnitz **(F 1)**
Der 51 m hohe Förderturm weist den Weg zum Bergbaumuseum. Es entstand auf dem Gelände des ehemaligen Kaiserin-Augusta-Schachtes, vor dem Zweiten Weltkrieg der modernste im Zwickau-Oelsnitz-Lugauer-Steinkohlerevier. Unter Tage können 400 m nachgebaute Strecken besichtigt werden. *Führungen (2 Std.). Di–So 9–17 Uhr, Pflockenstraße 28, Tel. 037298/397 17*

Werdau **(E 1)**
Zwei Attraktionen besitzt das Heimatmuseum: Eine noch funktionstüchtige und vorführbare Dampfmaschine, die von 1899–1941 Spinnereimaschinen antrieb, und die einzige *Museumsgartenbahn* im Osten Deutschlands, eine Modellbahnanlage im Maßstab von 1 : 20, die von *Mai bis Okt. sonntags* fährt. *Di 8.30–12, 14–18 Uhr, Mi, Do–16 Uhr, Fr 8.30–12, So 9–12, 14–16 Uhr, Uferstraße 1, Tel. 03761/30 51, App. 255*
Ein Schmuckstück von Hotel entstand mit dem *Katharinen-Hof* in einer Fabrikantenvilla von 1906: *18 Zi., Katharinenstraße 18, Tel. 03761/55 19, Fax 36 01, Kategorie 2, 3*

Sanfte Höhen, liebliche Täler

Über das »achte Weltwunder« in den klingenden Musik- und stillen Bäderwinkel

Die sanftwellige Landschaft hält manche Perle bereit: im thüringischen Teil den Landschaftspark von Greiz mit einem eigenwillig geformten See und im sächsischen die Vogtländische Schweiz mit den Tälern der Weißen Elster und der Trieb. Flüsse und Bäche haben sich im Vogtland meist tief in die Täler eingeschnitten, gewaltige Brük-ken waren erforderlich, sie zu überspannen. Zwischen Greiz und Mylau schwingt sich die größte aus Ziegelsteinen erbaute Eisenbahnbrücke der Welt über das Tal der Göltzsch, die lange Zeit den Beinamen »das achte Weltwunder« trug. Im Musikwinkel mit Klingenthal, Markneukirchen, Schöneck und weiteren anderthalb Dutzend Ortschaften kann in Werkstätten Instrumentenbauern über die Schulter geschaut werden. Ihre Fingerfertigkeit stellten diese mit spielbaren Miniaturgeigen unter Beweis, von denen mehrere auf einer Handfläche Platz finden. Zu sehen sind sie im Markneukirchener Musikinstrumentenmuseum.

An warmen Sommertagen tummeln sich Tausende an den Stauseen Pirk und Pöhl. Kleine Fahrgastschiffe kreuzen auf der blauen Fläche, der Wind bläht die weißen Segel der Jollen, blumengeschmückte Wiesen verbreiten friedliche Atmosphäre. Im Winter dagegen, wenn der Schnee stiebt, locken die verschneiten Hänge des Aschberggebietes und die dunklen Fichtenwälder um Schöneck, Schnarrtanne und Beerheide mit weißer Pracht. Wer sich im Sommer beim Baden und im Winter beim Skifahren erkältet, kann gleich weiterfahren in den stillen Bäderwinkel nach Bad Elster oder Bad Brambach, den beiden traditionsreichen sächsischen Staatsbädern, die unzähligen Kranken schon Linderung oder Heilung brachten.

Vogtländisches Meer wird die Talsperre Pöhl von Wassersportlern gern genannt

BAD ELSTER

(D 5) ★ Bekanntestes und größtes Heilbad in Sachsen (4000 Ew.). Beneidenswert schön ist die Lage im Tal der Weißen Elster! Prunkvolle Bauten und Anlagen im Stil der Gründerjahre prägen den 1848 zum Königlich-Sächsischen Staatsbad erhobenen Ort. Vieles erinnert noch an die Zeit, als Angehörige des sächsischen Königshauses in Elster promenierten. Behandelt werden vor allem Erkrankungen des Herz-Kreislaufsystems, Frauenleiden, Rheuma und Erkrankungen des Bewegungsapparates. Die Vogtlandklinik und andere haben sich seit der Einheit Deutschlands einen guten Ruf erworben. Eine viel gestellte Frage lautet: Wann ist der Aufenthalt in Bad Elster am schönsten? Die Antwort fällt schwer: Während die einen beispielsweise von der Rhododendronblüte Ende Mai schwärmen, begeistern andere die rauhreifüberzogenen Bäume und Sträucher im Winter.

BESICHTIGUNGEN

Mo 15 Uhr, Stadtrundfahrt (40 Min.), Beginn gegenüber dem Kurtheater

Kirche

Mit 800 Plätzen gehört der Sakralbau (1892) zu den großen Kirchen im Vogtland. Auf der Orgel (1854 Pfeifen, 27 Register, 2 Manuale) finden Konzerte statt. *Mo–Fr 8–17 Uhr, Kirchplatz*

Kurhaus Bad Elster – Flair der Jahrhundertwende

MARCO POLO TIPS FÜR DAS VOGTLAND

1 **Bad Elster**
Wandeln auf königlichen Spuren in Sachsens bekanntestem und größtem Heilbad (Seite 73)

2 **Vogtländisches Bauernmuseum**
Wohnstallhaus im Egerländer Fachwerkstil und weitere Gebäude in Raun (Seite 76)

3 **Göltzschtalbrücke**
Die größte Ziegelsteinbrücke der Welt bei Mylau (Seite 79)

4 **Musikinstrumentenmuseum**
2800 Instrumente aus allen Kontinenten in Markneukirchen (Seite 82)

5 **Drachenhöhle Syrau**
Wunderschöne Tropfsteinbildungen (Seite 88)

6 **Talsperre Pöhl**
Tausende Menschen tummeln sich an warmen Sommertagen am Vogtländischen Meer (Seite 88)

Kureinrichtungen
Das Kurhaus (1895) besitzt einen großen Konzertsaal, das benachbarte Kurtheater mit 500 Plätzen hat 1914 Sachsens König Friedrich August III. eröffnet. In mehreren Baustufen (1851–1927) entstand das Badehaus – schauen Sie in den Flügel C, in dessen Treppenhalle Pfeiler und Säulen mit Meißner Jugendstil-Kacheln verziert sind, prachtvoll zeigt sich auch die Kuppel der Eingangshalle zum Flügel G.

Am Badeplatz plätschert im Brunnentempel (1933/34) die Marienquelle. Die aus Elbsandstein erbaute Wandelhalle (1929) im Bauhausstil verbindet die Moritz- und die Salzquelle.

RESTAURANT/CAFÉS

Badecafé
Im alten Stil neu erbaut, ist das Café-Restaurant seit August 1994 wieder wie in früheren Zeiten ein beliebter Treff der Kurgäste. *Am Badeplatz, Tel. 037437/34 23, Kategorie 2*

Café Waldquelle
400 m vom Badeplatz entfernt im Wald gelegen. Kuchen aus eigener Herstellung, aber auch handfeste Speisen. *Do geschl., Tel. 037437/34 52, Kategorie 3*

Sachsenhofstüb'l
Nette Atmosphäre. *Badstraße 21, Tel. 037437/341 76 79, Kategorie 2*

ÜBERNACHTUNG

Heimburg
Familiengeführte Pension in ruhiger Lage. *10 Zi., Kirchstraße 6, Tel. 037437/33 05, Kategorie 3*

Helene
Am Albertpark gelegene modernisierte Pension. *21 Zi., Parkstraße 33, Tel. 037437/500, Kategorie 3*

Haus Linde
Liebevoll geführte Pension mit behaglicher Atmosphäre in ruhiger Lage und Waldnähe. *8 Zi., Beuthstraße 1, Tel. 037437/3443, Kategorie 3*

SPIEL UND SPORT

Um Bad Elster verläuft der Ringweg, zu dem spinnennetzartig zahlreiche andere Wege führen. Diese Terrainkurwege haben eine Länge von etwa 45 km. Zum Luft- und Schwimmbad gehören zwei Badeteiche und schöne Liegewiesen. Am Gondelteich können Ruder- und Tretboote ausgeliehen werden. Tennisplätze sind vorhanden.

AM ABEND

Die Chursächsische Philharmonie (das Orchester der Staatsbäder Bad Elster und Bad Brambach) widmet sich vor allem Werken der Wiener Klassik und der frühen deutschen Romantik. Die Konzerte finden im Saal des Kurhauses, im Kurtheater und im Sommer in der Wandelhalle oder einem der beiden Musikpavillons statt. Das Kurtheater bietet ein vielseitiges Programm.

AUSKUNFT

Bad Elster-Information
Badeplatz-Kolonnaden, 08645 Bad Elster, Tel. 037437/71461, Fax 71260

ZIELE IN DER UMGEBUNG

Bad Brambach **(D 6)**
Mit 2270 Mache-Einheiten je Liter gehört die Radonquelle zu den stärksten Radiumquellen der Welt. Von 1945–1957 nutzte die Sowjetarmee das Bad als Sanatorium, in dieser Zeit wurde die Eisenquelle mit Marmor aus Hitlers Reichskanzlei in Berlin neu gefaßt. Es werden in Brambach, das 1912 den Kurbetrieb aufnahm, rheumatische, Herz-Kreislauf- und Gefäßerkrankungen behandelt.

Landwüst **(D–E 5)**
★ Wie lebten einst Bauern und Dorfhandwerker im Vogtland? Antwort gibt das *Vogtländische Bauernmuseum.* Den Mittelpunkt bildet ein Wohnstallhaus (1782) im Egerländer Fachwerkstil. Von *Juli–Sept. fast jeden Sa 14–16 Uhr Musik aus der Scheune. Di–So 8.30–17 Uhr, Nov.–Jan. 10–16 Uhr, Tel. 037422/2136.* Mitten im Dorf steht eine kursächsische Postmeilensäule mit der Jahreszahl 1725. Vom Museum sind es 500 m bis zum Wirtsberg, mit 664 m einer der besten Aussichtspunkte des Vogtlandes.

Raun **(D 5)**
Ein Kleinod der bäuerlichen Lebensweise und der Volksarchitektur. Das gesamte Dorf mit schönen Umgebindehäusern und der 1534 erstmals erwähnten Kapelle steht unter Denkmalschutz. Im Frühjahr schmücken zahllose Orchideen die Wiese in der Ortsmitte.

Schönberg **(D 6)**
Vom Aussichtsturm auf dem Kapellenberg reicht der Blick weit in die Tschechische Republik. *März–Okt. 10–17 Uhr.* Der Kapellenberg ist mit 759 m die höchste Erhebung des Elstergebirges, einem Höhenzug zwischen dem Erzgebirge und dem

Fichtelgebirge. Das Schloß (15. Jh.) im südlichsten Ort des Vogtlandes ist leider in einem desolaten Zustand. Unmittelbar an der Staatsgrenze plätschert im Wald in einem steinernen Becken der Schönberger Sauberbrunnen, die südlichste vogtländische Mineralquelle. Schönberg ist Auto- und Eisenbahngrenzübergang zur Tschechischen Republik.

GREIZ

(**C–D 2**) Der schmückende Beiname »Perle des Vogtlandes« dürfte ein wenig übertreiben, das schlichtere »Park- und Schloßstadt« wird Greiz (32 000 Ew.) gerechter. Die einstige Residenz des Mini-Fürstentums Reuß ältere Linie kann sich als einziger Ort im Reisegebiet dreier Schlösser rühmen: dem nicht von innen zu besichtigenden Oberen Schloß, dem zum Museum gewordenen Unteren Schloß und dem Sommerpalais. Einer der reußischen Fürsten, die alle Heinrich hießen, gelangte über die Grenzen des Fürstentums hinaus zu Berühmtheit: Heinrich VI., der 1697 in der Schlacht bei Zenta als General des Prinzen von Savoyen gefallen war. In der Stadtkirche liegt er in einem vergoldeten Sarg.

BESICHTIGUNG

Greizer Park
Ein Schmuckstück der Landschaftsgestaltung ganz nach englischem Vorbild. Zahlreiche dendrologische Kostbarkeiten schmücken die weiträumige, etwa 40 ha große Anlage am rechten Ufer der Weißen Elster. Der See besitzt die Form eines Eichenblattes.

MUSEEN

Heimatmuseum
Informationen zur Geschichte des Fürstenhauses Reuß und der Stadt Greiz im Unteren Schloß. *Sa–Do 9–12.30, 13-17 Uhr Burgplatz, Tel. 03661/36 66*

Sommerpalais
Das frühklassizistische Palais beherbergt die Staatliche Bücher- und Kupferstichsammlung, eine Stiftung des Hauses Reuß ältere Linie. Zu den Kostbarkeiten gehört eine wertvolle Sammlung englischer Schabkunstblätter, die 1841 im Erbgang von Hessen-Homburg nach Greiz kam. Sehenswert ist auch das Satiricum, die größte Spezialsammlung zeitgenössischer Karikaturen im Osten Deutschlands. *Di–So 10–17 Uhr, Greizer Park, Tel. 03661/22 83*

RESTAURANT/CAFÉ

Schloßcafé Lebensart
✝ Im Gewölbe des Unteren Schlosses: preiswertes Essen, lockere Atmosphäre. *Sa, So erst ab 15 Uhr, Burgplatz, Tel. 03661/38 66, Kategorie 3*

Schloßkeller
Für anspruchsvolle Gäste. Ab 17 Uhr, So ab 11 Uhr Mittagstisch. *Oberes Schloß, Tel. 03661/38 95, Kategorie 1*

ÜBERNACHTUNG

Am Wald
Familiengeführtes Hotel garni im Landhausstil in ruhiger Lage.

13 Zi., Untergrochlitzer Straße 8, Tel. 03661/67 08 04, Fax 67 08 05, Kategorie 2

Jugendherberge

Auf dem Amselstieg genannten waldreichen Berg oberhalb der Stadt. *82 Betten, vom 23. bis 27. Dez. geschl., Amselstieg 12, Tel./Fax 03661/21 76, Kategorie 3*

AM ABEND

Die Vogtlandphilharmonie Greiz/Reichenbach spielt im Theater, im Sommer im Gartensaal des Sommerpalais. Weitere Veranstaltungen in der Stadtkirche.

AUSKUNFT

Greiz-Information

Burgplatz (im Unteren Schloß), 07973 Greiz, Tel. 03661/70 32 92, Fax 70 32 91

ZIELE IN DER UMGEBUNG

Bleilochtalsperre (A 3–4)

Deutschlands größtes künstliches Gewässer wird von Seglern, Surfern und Anglern sehr geschätzt; Badestrände gibt es in Saalburg und in Kloster, die allseits beliebten Motorschiff-Rundfahrten beginnen in Saalburg.

Die Göltzschtalbrücke ist das größte Ziegelsteinviadukt der Welt

Elsterberg **(D 2)**
Im Zentrum der Stadt (5600 Ew.) erhebt sich die größte Burgruine des Vogtlandes. Von dem spätromanischen Bauwerk blieben Teile des Palas – des Hauptgebäudes der Burg – und die Wehrmauern mit drei Türmen erhalten.

Göltzschtalbrücke **(D 2)**
★ Die größte Ziegelsteinbrücke (1846–51) der Welt. 26 Mio. Steine wurden für die 78 m hohe und 574 m lange Eisenbahnbrücke bei Mylau vermauert.

Hohenleuben **(C 1)**
Die Stadt (2400 Ew.) besitzt das älteste bürgerliche Museum Deutschlands, gegründet 1825. Es werden vor allem ur- und frühgeschichtliche Funde gezeigt. Benannt ist es nach der nahen Burgruine Reichenfels. *Di bis Fr 10–16 Uhr, Sa, So 13–16 Uhr, Tel. 03622/71 02*

Kuhberg **(C 2)**
Drei Anziehungspunkte hat der 511 m hohe Berg südlich von Greiz vorzuweisen: einen Aussichtsturm (21 m hoch), eine Garten-Modelleisenbahn (100 qm groß) und die Gaststätte *Kuhbergbaude. Mo, Di geschl., Tel. 03765/341 25, Kategorie 3.* Die Straße zum Kuhberg zweigt im Dorf Bockau ab, vom Parkplatz sind es etwa 700 m Fußweg bis zum Gipfel.

Mylau **(D 2)**
Kaiser Karl IV. ist bereits durch das Tor der besterhaltenen Burg des sächsischen Vogtlandes geritten. Das Museum in dem alten Gemäuer beherbergt eine wertvolle naturkundliche Sammlung. *Di–Fr 9–12.30, 13–16.30 Uhr, Sa, So ab 10 Uhr, Tel. 03765/342 47.* Mit der Silbermannorgel (1730/31) in der Stadtkirche am Markt besitzt Mylau eine weitere Sehenswürdigkeit, die man sich unbedingt anschauen sollte.

Reichenbach **(D 2)**
Geburtsort der vor allem Freunden der Theatergeschichte bekannten »Neuberin« (1697 bis 1760). Die im Haus *Johannesplatz 3* in Reichenbach geborene Friederike Caroline Neuber reformierte als Schauspielerin und Prinzipalin einer Wandertruppe das Theater ihrer Zeit. Das Geburtshaus wurde *Neuberin-Gedenkstätte. Di, Do 13–18 Uhr, Mi, Fr 10–16 Uhr, Tel. 03765/52 43 75.* In der Stadtkirche St. Peter und Paul können Sie in Konzerten den Klängen einer Silbermannorgel lauschen. Der 1927 unter Bauhaus-Einfluß errichtete Wasserturm wurde zum Wahrzeichen der Stadt (28 000 Ew.).

Zeulenroda **(B–C 2)**
Einem italienischen Palazzo ähnelt das Rathaus der Stadt (14 000 Ew.). Kaum zu glauben: Der Entwurf stammt von keinem Profi, sondern vom heimischen Strumpfwarenverleger Schopper. Zeulenroda gehörte im 19. Jh. zu den Strumpfwirkerzentren Deutschlands, eine Strumpfwirkerstube zeigt das *Städtische Museum. Di–Fr 9–11.30, 12.30 bis 16.30 Uhr, So 12.30–16.30 Uhr, Aumaische Straße 30, Tel. 036628/30 06.* Im Stadtzentrum stehen im *Hotel Goldener Löwe* 32 Zimmer bereit, das Restaurant wartet mit Thüringer Spezialitäten auf. *Kirchstr. 15, Tel. 036628/601 44, Fax 601 45, Kategorie 2*

KLINGENTHAL MIT MÜHLLEITHEN

(**E 4–5**) Der zu Klingenthal (12 000 Ew.) gehörende Aschberg und der 6 km entfernte Ortsteil Mühlleithen haben den Ruf des Ortes als Wintersportzentrum begründet. Vom Aschberg, dessen 936 m hoher Gipfel auf dem Gebiet der direkt benachbarten Tschechischen Republik liegt, bietet sich ein herrlicher Blick auf Klingenthal. Die Stadt, der ein richtiges Zentrum fehlt, da sie als Streusiedlung entstand, weist Höhenunterschiede von 550 bis 930 m auf. Die Grenzübergänge Graslitzer Straße im Zentrum und im Ortsteil Sachsenberg stehen Fußgängern und Radfahrern offen.

BESICHTIGUNGEN

Schauwerkstatt
Älteste Geigenmacherwerkstatt Klingenthals. *Mo–Do 8–15.30 Uhr, Fr 8–12 Uhr, Falkensteiner Straße 31*

Skisport-Ausstellung
Informationen über Weltmeister und Olympiasieger, die aus dem Aschberggebiet kamen. *Tgl. 10–16 Uhr, Floßgrabenweg 1*

Tierpark
Mit 700 kg Körpergewicht gibt es hier den größten Grizzlybären Deutschlands und weitere rund 400 Tiere in etwa 65 Arten. *Mai bis Sept. 9–18 Uhr, Okt.–April 9 Uhr bis Einbruch der Dunkelheit, Richard-Wagner-Höhe, Tel. 03467/ 223 97*

Zum Friedefürsten
Über einen achteckigen Grundriß errichteter Zentralbau (1737); das größte Gotteshaus dieser Art in Sachsen. *Mo–Fr 10–12, 14 bis 16 Uhr, Sa 10–12 Uhr*

RESTAURANT

Zum Döhlerwald
Spitze sind die Vogtländischen Klöße und die Böhmischen Knödel. *Mi geschl., Markneukirchner Straße 80, Tel. 037467/221 09, Kategorie 3*

ÜBERNACHTUNG

Ferienhotel Mühlleithen
Vor die Tür treten, Skier anschnallen, und los kann es gehen. *20 Zi., Waldstraße 4, Tel. 037465/ 22 01, Fax 22 02, Kategorie 3*

Jugendherberge
Auf dem Aschberg direkt an der Grenze zur Tschechischen

Verspottete Skifahrer

1886 erschien der Klingenthaler Lehrer Beck beim Stellmacher mit einem Prospekt aus Norwegen, um sich ein Paar der dort abgebildeten Skier anfertigen zu lassen. Viele spotteten oder lächelten in den folgenden Jahren über jene, die sich wie der Lehrer Beck Bretter unter die Schuhe banden und hurtig über die weiße Pracht glitten. Langsam setzten sich die Skier aber durch, so war in der Klingenthaler Zeitung vom 22. Januar 1895 zu lesen: »Der Briefträger, welcher die Strecke Schöneck–Schilbach-Mariney besorgt, hat sich mit Schneeschuhen versehen und diese Art der Postbeförderung als außerordentlich fördernd bezeichnet.« In Mühlleithen sollen erstmalig 1907 Skiläufer aus Plauen aufgetaucht sein, bereits zwei Jahre später fand die Gründung des Wintersportvereins in Klingenthal statt.

Republik, bis zum Stadtzentrum 7 km. *80 Betten, 6 Familienzimmer, Grenzweg 22, Tel. 037467/220 94, Kategorie 3*

Waldgut am Aschberg
Im Bauernstil eingerichtete Zimmer, von denen auf der Westseite wunderschöner Blick. *24 Zi., Goethestraße 1, Tel./Fax 037467/220 21, Kategorie 3*

Zur Post
Familiengeführtes Hotel mit Sauna, Solarium, Fitneßraum in zentraler Lage, Dusche/WC teilweise auf der Etage. *10 Zi., Poststraße 3, Tel. 037467/221 08, Kategorie 3*

SPIEL UND SPORT

40 km gespurte Loipen, drei Skilifte und die Natureisbahn Brunndöbra; Skiverleih in Mühlleithen, *Waldstraße 3.* Der Olympiastützpunkt, *Tel. 037465/22 04, Fax 22 05,* bietet: Teilnahme am Training mit Leistungssportlern, geführte Wanderungen und Besichtigung der Vogtlandschanze; Touristenunterkünfte (2- und 3-Bett-Zimmer) sind vorhanden. In Mühlleithen entstand eine Sommer-Rodelbahn.

AUSKUNFT

Fremdenverkehrsamt
Kirchstraße 6, 08248 Klingenthal, Tel./Fax 037467/224 94

ZIELE IN DER UMGEBUNG

Morgenröthe-Rautenkranz (E–F 4)
1978 startete das sowjetische Raumschiff Sojus 29 in den Weltraum. An Bord waren der Russe Waleri Bykowski und als erster Deutscher der Vogtländer Dr. Sigmund Jähn. Im Geburtsort des Kosmonauten Jähn entstand im ehem. Bahnhofsgebäude die *Deutsche Raumfahrtausstellung. Di bis So 10–17 Uhr, Tel. 037465/25 38, Fax 25 14*

Schneckenstein (E 4)
Europas einziger freistehender Topasfelsen. Die schönsten der weingelb gefärbten Edelsteine zieren die Krone der englischen

Königin und funkeln im Grünen Gewölbe zu Dresden. Südwestlich von Tannenbergsthal, vom Parkplatz sind es bis zum Felsen etwa 25 Min. durch den Wald. *April–Okt. 8.30–17 Uhr*

Schöneck **(E 4)**
Balkon des Vogtlandes wird die Stadt (3500 Ew.) genannt. Das Blickfeld vom Aussichtsfelsen Alter Söll im Zentrum beträgt ca. 2000 qkm. Die mit 700 bis 800 m höchstgelegene Stadt des Vogtlandes bietet gute Wintersportbedingungen. Auf einer Anhöhe am Ortsrand der komplett renovierte *IFA Ferienpark Hotel Hohe Reuth. 180 Zi., Tel. 037464/883 13, Fax 310 00, Kategorie 2, 3*

MARKNEUKIRCHEN

(D–E 5) Seit über 300 Jahren werden in der von waldreichen Bergen umgebenen Stadt (7000 Ew.) Musikinstrumente hergestellt, in vielen Werkstätten dürfen Sie zuschauen, wie Meisterinstrumente entstehen. Herrliche Bürgerhäuser sind Zeugen für den Wohlstand der einstigen Musikinstrumentenverleger. Vom Aussichtsturm Bismarcksäule auf dem Oberen Berg (620 m) haben Sie einen einzigartigen Rundblick.

MUSEUM

Musikinstrumentenmuseum
★ Fast 2 m hoch ist das ausgestellte Piano-Akkordeon, dessen 125 Tasten und 360 Bässe einst die sechs Tanzgirls der englischen Gruppe Doorlay spielten. 1940 gaben sie das Riesenakkordeon in Klingenthal zur Reparatur, bis heute holten sie es nicht ab. Insgesamt besitzt das Museum rund 2800 Musikinstrumente aus aller Welt. *Di–So, Feiertage 9–17 Uhr, Bienengarten 2, Tel. 037422/20 18*

ÜBERNACHTUNG/RESTAURANTS

Am Paulusschlößchen
In ruhiger Lage gegenüber dem Musikinstrumentenmuseum. Restaurant Mo geschl., *7 Zi., Bienengarten 11, Tel. 037422/21 49, Kategorie 3*

Berggasthof Heiterer Blick
Im Regionalstil eingerichtet. Am Nachmittag sollten Sie ein »Tüpfle« und »Aardäppelkuchn« bestellen (eine Tasse Kaffee und Kartoffelkuchen). *7 Zi., Oberer Berg 54, Tel. 037422/26 95, Fax 485 18, Kategorie 3*

Sächsischer Hof
Solides Hotel in Zentrumsnähe. *8 Zi., Adorfer Straße 17, Tel. 037422/22 40, Kategorie 2, 3*

EINKAUFEN

Einheimische Musikinstrumente gibt es im Markneukirchner Musikladen, *Leithen 8* (100 m vom Musikinstrumentenmuseum entfernt) und in der Musikhandlung Wetzel, *Roter Markt 6*

SPIEL UND SPORT

Das ausgeschilderte Wanderwegenetz ist über 70 km lang, im Winter sind gespurte Loipen von 10 km Länge vorhanden. An warmen Sommertagen bildet das Erlebnisbad mit seinem 10-m-Turm, Musikpavillon und Laubengang den großen Anziehungspunkt.

AM ABEND

In der 1995 eingeweihten Musikhalle musizieren das ganze Jahr über Orchester und Musikgruppen. Hin und wieder werden Konzerte in der Kirche St. Nikolai gegeben. Disko-Treff für junge Leute: *Gaststätte Schützenhaus, Schützenstraße 47.* Das *Kinocafé* befindet sich in der *Erlbacher Straße 4.*

AUSKUNFT

Fremdenverkehrsbüro
Am Rathaus 2, 08258 Markneukirchen, Tel. 037422/411 43, Fax 411 99

ZIELE IN DER UMGEBUNG

Adorf **(D 5)**
Eine Kette aus 177 Perlen gehört zu den Kleinoden im Dresdner Grünen Gewölbe. Entnommen wurden die Perlen vogtländischen Flußperlmuscheln. Über die der sächsischen Krone vorbehaltenen Perlenfischerei informiert das *Heimatmuseum* im Freiberger Tor. *Di–Fr 9–12 Uhr, 13–17 Uhr, Sa 10–12, 13–16 Uhr, So 13–16 Uhr, Tel. 037423/22 47.* Badespaß bietet das neue *Waldbad* mit Schwimmhalle und einem Kanal zum beheizten Außenbecken, Strömungskreisel u. v. a. In der Nähe entstand die *Miniatur-Schauanlage »Klein-Vogtland«*, die originalgetreu mehr als 40 der bekanntesten vogtländischen Ausflugsziele als Modell zeigt. Mit guter regionaler Küche wartet die *Gaststätte Zum Turm* auf. *Mi, Do geschl., Turmweg 14 (im Ortsteil Remtengrün), Tel. 037423/23 34.* Neben der Gaststätte entstand ein Aussichtsturm, der weite Blicke ermöglicht.

Markneukirchens Musikinstrumentemuseum – ein wahrer Schatz von klangvollen Kostbarkeiten aus vielen Ländern der Welt

PLAUEN

(**C-D 3**) Das wirtschaftliche und kulturelle Zentrum des Vogtlandes erstreckt sich zu beiden Seiten der Weißen Elster. Als Stadt der Spitzen wurde Plauen hinaus bekannt, bereits 1900 eroberten die textilen Kostbarkeiten auf der Weltausstellung in Paris einen Grand Prix. Schwere Bombenangriffe in den letzten Monaten des Zweiten Weltkrieges zerstörten die Stadt (69 000 Ew.) zu 75 Prozent, die Wunden sind noch heute im Stadtbild zu erkennen. Vom Aussichtsturm auf dem Kemmler (508 m) haben Sie einen schönen Blick.

BESICHTIGUNGEN

Altes Rathaus

Vielbestaunt am schönen Renaissancegiebel wird die Kunstuhr von 1548. Sie sollten Zeit mitbringen und die Uhr nicht aus den Augen lassen: Jede Viertelstunde bewegen sich die beiden Löwen, beim Stundenschlag hebt der linke Mann seinen Stab, der rechte wackelt mit dem Bart.

Brücken

Zwei Brücken verdienen Aufmerksamkeit: Die seit dem 13. Jh. weitgehend unverändert gebliebene Elstertalbrücke, über die 1795 Goethe fuhr und 1812 und 1813 die Kutsche von Kaiser Napoleon rollte, sowie die das Syratal in einem 90-m-Bogen überspannende Friedensbrücke, die größte gemauerte Bruchsteinbogenbrücke Europas.

Kleinbahn Syratal

Kurz hinter der Friedensbrücke startet die Kleinbahn. Auf 600 Millimeter breiten Schienen rollt sie auf einer 1 km langen Dop-

Das Alte Rathaus in der Spitzen-Stadt Plauen

pelschleife durch schöne Landschaft. Den Bahnbetriebsdienst führen Kinder und Jugendliche durch, nur der Elektrolokführer und der Bahnhofsleiter sind Erwachsene. *Mitte Mai–Okt., Mo bis Fr. 14–17 Uhr, Sa, So, Feiertage 9.30–12 Uhr, 14–17 Uhr*

St.-Johannis-Kirche
Ihre beiden 52 m hohen Türme mit den Barockhauben sind weithin sichtbar. Zu den Schmuckstücken im Inneren gehört der um 1500 von einem unbekannten Meister gefertigte Flügelaltar. *Kirchstraße*

MUSEEN

Museum Plauener Spitzen
Textile Kostbarkeiten aus Vergangenheit und Gegenwart. *Di, Do, Fr 10–16 Uhr, Sa 10–14 Uhr. Altes Rathaus (im Erdgeschoß, Eingang Altmarkt), Tel. 03741/ 22 23 55*

Vogtlandmuseum
Geschichte, Volkskunde, Kunst- und Naturkunde des Vogtlandes und der Stadt Plauen. Sein Domizil hat das Museum in drei prachtvollen Häusern, die sich Ende des 18. Jhs. zwei als »Fürsten von Plauen« bezeichnete Baumwollwarenhändler erbauen ließen. *Di–Fr 9–12.30, 13 bis 16.30 Uhr, Sa, So 10–12.30 Uhr, Nobelstraße 9–13, Tel. 03741/ 291 24 03*

RESTAURANTS/CAFÉ

Das Wirtshaus in Plauen
Vorwiegend regionale Küche im rustikalen Restaurant des *Hotels am Theater. Theaterstraße 7, Tel. 03741/12 10, Kategorie 2*

Café Korte
Kuchen und Pralinen aus eigener Herstellung. *Am Rathauseck (in der Oheim-Passage), Tel. 03741/ 22 44 26*

Hammerklause
Preisgünstig ist der Bierkeller. *Nobelstraße 18, Tel. 03741/22 35 29, Kategorie 1, 2*

Wein- und Bierkeller Gambrinus
Bürgerliche Küche nahe des Altmarktes. *So geschl., Obere Endstraße 1, Tel. 03741/22 34 69, Kategorie 2*

EINKAUFEN

Beliebte Einkaufsmeile ist die *Bahnhofstraße,* dort bietet in den Häusern *Nr. 11* und *48* der Salon Plauener Spitze das berühmteste Erzeugnis der Stadt in großer Auswahl an.

ÜBERNACHTUNG

Alexandra
Das Haus mit Sauna und Whirlpool wird gehobenen Ansprüchen gerecht. *72 Zi., Bahnhofstraße 17, Tel. 03741/22 40 36, Fax 22 67 48, Kategorie 1*

Hotel Am Theater
Behagliche Atmosphäre, *118 geräumige Zi., Theaterstraße 7, Tel. 03741/12 10, Fax 12 14 44, Kategorie 1*

AM ABEND

Das *Vogtlandtheater, Theaterstraße 1–3,* ist ein Mehrspartentheater. Vielfältige Kulturveranstaltungen in der *Festhalle, Äußere Reichenbacher Straße 4* und im Sommer im 2900 Zuschauern Platz bietenden *Parktheater* im *Stadtpark.*

Tourist-Information
Rädelstraße 2, 08523 Plauen, Tel. 03741/22 49 45, Fax 291 11 09

ZIELE IN DER UMGEBUNG

Auerbach **(E 3)**
Die 1792 erbaute Nikolaikirche wartet mit einem breit gefächerten Kulturangebot auf: seit 1992 dient sie als Konzerthalle und Galerie. *Di–Fr 10–17 Uhr, Sa 9–12 Uhr, Rodewischer Straße 2, Tel. 03744/21 18 15.* Der 22 m hohe Bergfried bekam 1909 einen 25 m hohen Rundturm aufgesetzt, der mit seinem roten Dach zum Wahrzeichen der Stadt (17 000 Ew.) im Göltzschtal wurde.

Burgk **(A 3)**
Hoch über der Saale thront das Schloß Burgk, in dem es prachtvoll ausgestattete Räume zu sehen gibt. In der Schloßkapelle finden auf der Silbermannorgel von Mai bis Sept. Konzerte statt. Das beeindruckende Bauwerk aus dem frühen 15. Jh. diente den Fürsten Reuß älterer Linie, bis 1918 Regenten von Deutschlands kleinstem Staat, als Sommer- und Jagdschloß. *Di–So 10–12.30, 14–17 Uhr, Nov.–März bis 16 Uhr, Tel. 036640/267*

Burgstein **(C 4)**
Auf dem Burgstein (541 m) verstecken sich hinter Bäumen und Sträuchern die Ruinen zweier Wallfahrtskirchen aus dem Mittelalter. Das war bis zur politischen Wende in der DDR fast allen jüngeren Vogtländern unbekannt, denn rund drei Jahrzehnte lang durfte der im DDR-Grenzgebiet sich erhebende Berg nicht betreten werden. Vom nächstgelegenen Dorf Krebes sind es 20 Min. Fußweg bis zum Burgstein.

Falkenstein **(E 3)**
Das Heimatmuseum besitzt die größte Sammlung vogtländischer Moosmänner. *Di–Sa 9–12, 14 bis 16 Uhr, So 9.30–12 Uhr, Schloßplatz, Tel. 03745/60 76.* Neben dem Museum liegt der Schloßfelsen, ein Aussichtspunkt, der einen weiten Blick über die Stadt (13 500 Ew.) ermöglicht. Im Tiergarten gibt es 500 Tiere in rund 150 Arten. *Tgl. 8–18 Uhr, Okt.–März 9–17 Uhr, Allee 9.* Wildspezialitäten bietet die *Gaststätte Jägerhalle, Mo geschl., Schloßstraße 50, Tel. 03745/68 60*

Geilsdorf **(C 4)**
Im Kemnitztal südlich des Dorfes sprudelt 21 Grad Celsius warmes Thermalwasser aus der Erdoberfläche, pro Minute sind es 250 l. Die salzhaltige Quelle wurde 1960/61 bei Schürfarbeiten in 771 m Tiefe entdeckt. Vom westlichen Dorfrand haben Sie einen weiten Blick.

Kürbitz **(C 4)**
Die Salvatorkirche (17. Jh.) gilt als die schönste im Vogtland. Der Kirche gegenüber der wohl ausgefallenste Taubenschlag, genannt Höller, weit und breit: ein fünfstöckiges Gebäude en miniature.

Lengenfeld **(E 3)**
Ein Färberhandwerkerhaus (um 1799) nahm das *Heimatmuseum* auf. *So 15–17 Uhr, Hauptstraße 57, Tel. 037606/84 36.* Die Klopfermühle, die letzte mit Wasserkraft arbeitende an der Göltzsch, kann betreten werden. In ihr können

Sie sich sehr anschaulich über das Mühlengewerbe informieren. *Mo–Fr 8–17 Uhr, Sa 8–12 Uhr, Zwickauer Straße 29, Tel. 037606/26 22.* Vom Aussichtspunkt Pilz (471 m), vom Markt in etwa 15 Minuten zu Fuß erreichbar, reicht der Blick bis zum Erzgebirge. Der Name leitet sich von der pilzförmig überdachten Rundbank ab.

Oelsnitz **(D 4)**
Im Zentrum der vogtländischen Teppichweberei (12 300 Ew.) gibt es natürlich auch ein gut ausgestattetes *Teppichmuseum*. Eingerichtet wurde es im Schloß Voigtsberg. *Di–So 13–17 Uhr, Schloßstraße 32, Tel. 037421/229 77.* Schon von weitem sind die beiden 70 m hohen Türme der St.-Jakobi-Kirche zu sehen; der Taufstein im Gotteshaus hat einen berühmten Schöpfer: Ernst Rietschel (1804–1861), von dem das Goethe-Schiller-Denkmal in Weimar und das Luther-Denkmal in Worms stammt. Sehr persönlich geführt: das *Hotel Altdeutsche Bierstube. 21 Zi., behindertengerecht, Feldstraße 9, Tel. 037421/222 48, Fax 276 64, Kategorie 3*

Pausa **(C 3)**
Durch das Städtchen (4500 Ew.) verläuft die Erdachse – das behaupten zumindest die Pausaner seit 1934. Um Touristen anzulocken, ließen sie die Legende vom Mittelpunkt der Erde verbreiten. Auf dem Dach des Rathauses wurde ein Riesenglobus montiert, und wer im Rathauskeller eine Mark einwirft, darf durch das »Schmiernippel« auf die rotierende Erdachse schauen.

Kürbitz – der wohl ausgefallenste Taubenschlag im Vogtland

Rebesgrün **(E 3)**
Das Waldbad in dem kleinen Dorf westlich von Rodewisch besitzt eine Attraktion: die mit 75 m längste Wasserrutsche im Vogtland.

Rodewisch **(E 3)**
Auf der Schloßinsel sind die freigelegten Grundmauern des »festen Hus Göltzsch« aus dem 13. Jh. zu sehen. Das benachbarte Museum Göltzsch sollte unbedingt in den Wintermonaten besucht werden: Die große und traditionelle Weihnachtsausstellung mit beweglicher Bergparade und einer 27 qm großen Eisenbahnanlage erfreut nicht nur Kinderherzen. *Di–Do, Sa, So 10–12, 13.30–16.30 Uhr, Schloßinsel, Tel. 03744/31 86.* Veranstaltungen im Planetarium: *Sa, So, 10.30, 14.30 Uhr, Di, Fr 19 Uhr, Mi 14 Uhr, Rützengrüner Straße 41 a, Tel./Fax 03744/323 13*

Schleiz **(B 3)**
Die gotische Bergkirche auf dem Liebfrauenberg gehört zu den besonders reizvollen Kirchen im Reisegebiet. *Di–So 14–16 Uhr.* Freunden des Motorrennsports ist das thüringische Schleiz (8000 Ew.) durch das seit 1923 stattfindende Schleizer Dreieckrennen ein Begriff.

Steinberg **(E 3)**
Von Wildenau führt ein steiler Aufstieg zum Steinberg (659 m), den dichter Wald mit zahlreichen bemoosten Felsengruppen umgibt. Vom 17 m hohen Aussichtsturm haben Sie (klares Wetter vorausgesetzt) gute Sicht.

Steinsdorf **(C 3)**
Die Dorfkirche (17. Jh.) nördlich von Plauen birgt eine kulturhistorische Kostbarkeit: einen 1497 vom Zwickauer Bildschnitzer Peter Breuer (um 1472–1541) geschaffenen Flügelaltar. Arbeiten von Breuer, dem bedeutendsten spätgotischen Bildschnitzer Sachsens, befinden sich im Städtischen Museum Zwickau und im Stadt- und Bergbaumuseum Freiberg.

Syrau **(C 3)**
★ Zu den wunderschönen Tropfsteinbildungen in der Drachenhöhle gehören die »Syrauer Gardinen«: 2,5 m lange und 1 m breite, zart gemusterte mineralische Ablagerungen. Höhlenbesucher sollten gut zu Fuß sein: Beim Rundgang sind 398 Stufen zu steigen. *Führungen (40 Min.) tgl. 9–16.30 Uhr, Am Höhlenberg, Tel./Fax 037431/735.* Die einzige erhalten gebliebene Windmühle im Vogtland wurde zum *Museum der Mühlenbautechnik. Mai–Sept. Mo–Fr 11–16 Uhr, Sa, So 10 bis 16 Uhr, Windmühlenweg, Tel. 037431/735*

Talsperre Pirk **(C 4)**
4 km langes, die Weiße Elster stauendes Gewässer, das sich fast bis an den Stadtrand von Oelsnitz erstreckt. Baden, Segeln, Paddeln und Surfen am Nordufer. Der Besuch des Restaurants im *Hotel Seeblick* in Taltitz lohnt wegen des schönen Blicks auf die Talsperre. *40 Zi., Tel. 037436/2255, Fax 2256, Kategorie 2*

Talsperre Pöhl **(D 3)**
★ Vogtländisches Meer nennen Segler, Surfer, Ruderer, Schwimmer und Angler die Talsperre. An der Anlegestelle für die beiden Fahrgastschiffe am Westufer stehen Ruderboote und Wassertreter für einen Ausflug auf den See zum Mieten bereit. Die Fahrgastschiffe starten von Ende März bis Mitte Okt. zu einstündigen Rundfahrten. Am 27 km langen Ufer gibt es zahlreiche Liegewiesen und bei Helmsgrün einen FKK-Strand. Auf dem Eisenberg nahe der 312 m langen Staumauer steht der Julius-Mosen-Turm.

Vogtländische Schweiz **(C–D 2–3)**
Landschaftlich reizvolles Gebiet, das nördlich von Plauen beginnt und fast bis Elsterberg reicht. Ein Paradies für Wanderfreunde sind die engen schluchtenartigen Täler der Trieb und der Weißen Elster. Wer die Wanderung bei Plauen beginnt, kann sich zwischendurch auf dem westlichen Elsterufer in der *Gaststätte Lochbauernhof* stärken: *Mo geschl., Di–Fr erst ab 14 Uhr, Tel. 03741/26641, Kategorie 3*

Von Auskunft bis Wetter

Die wichtigsten Adressen und Informationen für Ihre Reise ins Erzgebirge und Vogtland

AUSKUNFT

Die Tourist-Informationen der Städte und viele Gemeindeämter verschicken kostenlos Informationsmaterial. Rückporto sollte beigelegt werden, allgemeine Informationen und weiteres Prospektmaterial gibt es bei folgenden Verbänden:

Fremdenverkehrsverband Erzgebirge e. V.
Johannisgasse 23, 09456 Annaberg-Buchholz, Tel./Fax 03733/235 53

Fremdenverkehrsverband Vogtland e. V.
Engelstraße 18, 08523 Plauen, Tel./Fax 03741/22 51 66

Fremdenverkehrsverband Westsachsen e. V.
Hauptstraße 6, 08056 Zwickau, Tel. 0375/29 37 11, Fax 29 37 10

BADEN

Die meisten Stauseen dienen der Trinkwasserversorgung und sind für Wassersport und Badefreuden gesperrt. Beliebte Badereviere sind im Erzgebirge der Kleine Galgenteich bei Altenberg, die Talsperre Malter bei Dippoldiswalde, der Greifenbach-Stauweiher bei Ehrenfriedersdorf/Geyer, der Filzteich bei Schneeberg und im Vogtland die Stauseen Pirk und Pöhl. Nicht gebadet werden sollte wegen der Verschmutzung in Fließgewässern wie der Freiberger- und Zwickauer Mulde sowie der Weißen Elster.

BERGBAHNEN

Die *Fichtelberg-Schwebebahn,* 1924 eröffnet und die älteste Kabinen-Pendelbahn Deutschlands, überwindet eine Höhe von 303 m. Für die 1173 m lange Strecke werden 8 Min. benötigt. Die Talstation liegt 5 Min. Fußweg vom Bahnhof Oberwiesenthal entfernt, die Bergstation in 1214 m Höhe auf dem Fichtelberg. Gefahren wird *tgl. von 9–12.20 Uhr und 13–18 Uhr alle 15 Min. Auskunft: Tel./Fax 037348/330*

Die 1911 eröffnete *Drahtseilbahn Augustusburg* hat eine Streckenlänge von 1200 m, die Fahrdauer beträgt 8 Min. Die Talstation befindet sich gegenüber dem Bahnhof Erdmannsdorf, die 168 m höher gelegene Bergsta-

Deutschlands älteste Kabinenbahn schwebt auf den Fichtelberg

tion unmittelbar am Fuße des Schloßberges der Stadt Augustusburg. Gefahren wird *Mo–Fr von 6.30–18 Uhr, Sa, So, Feiertage von 8.15–19 Uhr alle 15 Min. Auskunft: Tel. 037291/20265*

CAMPING

Der ADAC empfiehlt folgende sechs Plätze: *01773 Altenberg*, ganzjährig geöffnet, Mittagsruhe 13–15 Uhr, *Tel./Fax 035056/5007; 09117 Chemnitz-Rabenstein*, geöffnet April bis Okt., Mittagsruhe 13–14.30 Uhr, behindertengerecht, *Tel. 0371/850608, Fax 852038; 09427 Ehrenfriedersdorf*, geöffnet Mitte Mai bis Sept., Mittagsruhe 12–14 Uhr, *Tel. 037346/454, Fax 218; 08289 Lindenau (bei Aue)*, geöffnet Ostern bis Okt., Mittagsruhe 12–14 Uhr, *Tel. 03772/28102; 08543 Möschwitz (am Stausee Pöhl)*, geöffnet April bis Okt., Mittagsruhe 12.30–14.30 Uhr, *Tel. 037439/201, Fax 13; 09337 Reichenbach*, geöffnet 15. April–16. Okt., Mittagsruhe 13–14 Uhr, behindertengerecht, *Tel. 03723/41820, Fax 418219*

JUGENDHERBERGEN

Neben den unter den Ortsbeschreibungen bereits genannten bieten folgende Jugendherbergen preisgünstige Übernachtungsmöglichkeiten: *08294 Affalter, Weg zur Jugendherberge 4, Tel. 037754/6208; 09573 Augustusburg, Schloß, Tel. 037291/256; 08648 Bad Brambach, Rötenbach 4, Tel. 037438/541; 09427 Ehrenfriedersdorf, Greifensteiner Straße 46, Tel. 037346/1253; 08548 Fröbersgrün, Tel. 037431/256; 09468 Geyer, Anton-Günther-Weg 3, Tel. 037346/1364; 09477 Grumbach, Tel. 037343/288; 09623 Holzhau, Ringelstraße 6, Tel. 037327/322; 09350 Lichtenstein, An der Jugendherberge 3, Tel. 037204/2718; 09509 Pockau, Siedlungsstraße 34, Tel. 037367/9589; 08355 Rittersgrün, Zur Jugendherberge 2, Tel. 037757/7260; 09619 Sayda, Tel. 037365/277; 08261 Schöneck, Am Stadtpark 52, Tel./Fax 037464/262; 08326 Sosa, Am Fröhlichwald, Tel. 037752/8268; 08606 Taltitz, Dobenecker Weg 27, Tel. 037421/20202; 09429 Warmbad, Tel. 037369/437; 09517 Zöblitz, Freiberger Straße 37, Tel. 037363/7920.* Mitzubringen ist ein gültiger Ausweis des Deutschen Jugendherbergswerkes (DJH) für Junioren (bis 26 Jahre) oder Senioren (ab 27 Jahre). *Auskunft: DJH-Landesverband Sachsen e.V., Popowstraße 7, 09116 Chemnitz, Tel. 0371/234556, Fax 234567*

MUSEEN

Erzgebirge und Vogtland zählen zu den museumsreichsten Regionen im Osten Deutschlands. Die Palette reicht vom Freilichtmuseum Seiffen über die Kunstsammlungen in Dresden bis zu musealen Gedenkstätten für den Rechenmeister Adam Ries oder den Komponisten Robert Schumann. Rund zwei Dutzend Schaubergwerke und fast ebensoviele technische Museen geben Einblick in die jahrhundertealten Traditionen des Bergbaus und der bodenständigen Industrie. Bei den Schaubergwerken sollten Sie sich nach der nächsten Führung erkundigen, um längere Wartezeiten zu vermeiden. Mo haben viele Museen geschlossen.

NOTRUFE

Polizei
Tel. 110

Feuerwehr, Notarzt
Tel. 112

ÖFFNUNGSZEITEN

Wer bei den Restaurants in den Ferienorten sicher gehen möchte, ob geöffnet ist, sollte sich vorher telefonisch erkundigen. Sind keine Gäste mehr da, wird oft früher als angegeben geschlossen, in den wetterunfreundlichen Spätherbst- und zeitigen Frühjahrswochen bleiben die Eingangstüren manchmal auch tagelang zu. Fast alle Geschäfte in den kleineren Städten und Dörfern haben eine ein- bis zweistündige Mittagspause, die jedoch nicht einheitlich ist. Die Kirchen in den Städten öffnen im Sommer meist stundenweise, auf dem Lande ist man im Pfarramt fast immer bereit, die Kirchentür für Besucher aufzuschließen.

PANNENHILFE

Pannendienst des ADAC
Rund um die Uhr: *Tel. 01802/ 22 22 22*

PRIVATUNTERKUNFT

Privatquartiere werden in allen Ferienorten angeboten. Die Ausstattung läßt manchmal Wünsche offen, dafür sind sie aber bedeutend preiswerter als Hotels und Pensionen. Ferienwohnungen und -häuser stehen noch nicht zu jeder Jahreszeit ausreichend zur Verfügung, auch an Angeboten »Ferien auf dem Bauernhof« mangelt es noch. Die Vermittlung erfolgt meist durch die Tourist-Informationen oder Kurverwaltungen.

RADFAHREN

Trotz der hügeligen Landschaft sind Erzgebirge und Vogtland ideale Radwandergebiete, mit Mountainbikes lassen sich auch die höchsten Berge bezwingen. Da es Radwanderwege noch nicht überall gibt, sollten Sie auf Wald- und Feldwege ausweichen. Im Vogtland entsteht gegenwärtig ein fast 300 km langes Radwanderwegnetz. Ausleihmöglichkeiten für Fahrräder bestehen in fast jedem Ferienort. Von den folgenden Bahnhöfen können sie von April bis Okt. gemietet werden: *Flöha, Tel. 03726/493 93; Jocketa, Tel. 037439/230; Johanngeorgenstadt, Tel. 03773/20 20; Klingenthal, Tel.*

037467/224 45; Oberwiesenthal, Tel. 037348/320; Olbernhau, Tel. 0377360/722 07; Plauen, Tel. 03741/28 40; Empfehlenswert ist es, sich vor Reiseantritt nach den Öffnungszeiten der Vermietbahnhöfe zu erkundigen, da diese sich stark voneinander unterscheiden.

REISEZEIT

Sowohl im Sommer als auch im Winter sind das Erzgebirge und das Vogtland als Reiseziel beliebt. Die Sommersaison beginnt Ende Mai und endet Ende September/Anfang Oktober, die Wintersaison dauert von Ende November bis Ende März/Anfang April. Bei guten Schneeverhältnissen gibt es an den Wochenenden in den Wintersportzentren Verkehrs- und Parkplatzprobleme. Wer Ruhe und Einsamkeit sucht, sollte das Frühjahr mit Krokuswiesen und blühenden Forsythien oder den Herbst mit seinen farbenprächtigen Laubbäumen, immergrünen Kiefern und Tannen wählen.

SCHMALSPURBAHNEN

Von den einst 19 Schmalspurstrecken in Sachsen haben sich im Reisegebiet zwei mit einer Spurweite von 750 mm erhalten. Die Bahnen sind vielfach nicht Mittel, sondern Zweck von Reisen. Von Freital-Hainsberg über Dippoldiswalde nach Kurort Kipsdorf verkehrt die 1882/83 in Betrieb genommene *Weißeritzbahn* (auch Osterzgebirgsbahn genannt): Länge 26,3 km, Fahrtdauer für die gesamte Strecke etwa 90 Min., tgl. mindestens sieben Fahrten in beide Richtungen, Nr. 513 im Kursbuch der Deutschen Bahn AG, Anschluß an die Normalspur besteht in Freital-Hainsberg. *Auskunft: Bahnhof Freital-Hainsberg, Tel. 0351/461 23 74.* Von Cranzahl nach Oberwiesenthal fährt seit 1897 die *Erzgebirgsbahn:* Länge 17,3 km, Fahrtdauer für die gesamte Strecke etwa 55 Min., tgl. mindestens zehn Fahrten in beide Richtungen, Nr. 518 im Kursbuch der Deutschen Bahn AG, Anschluß an die Normalspur besteht in Cranzahl. *Auskunft: Bahnhof Oberwiesenthal, Tel. 037348/3 20.* Die 1892 erstmals verkehrende *Preßnitztalbahn* von Wolkenstein nach Jöhstadt (Spurweite 750 mm, Länge 23 km) wurde 1984 stillgelegt und abgebaut. Eisenbahnfreunde haben 1990 mit dem teilweisen Wiederaufbau begonnen, fertiggestellt ist der 1,2 km lange Abschnitt Jöhstadt–Schlössel, auf dem Züge zu Pfingsten, am 2. und 3. Okt. sowie nach vorheriger Absprache verkehren; die Strecke soll um weitere 2,9 km bis Schmalzgrube verlängert werden. *Auskunft: IG Preßnitztalbahn, Tel. 037343/300*

WANDERUNGEN

Es besteht ein umfangreiches, gut ausgeschildertes Wanderwegenetz. Die beste Zeit, das Erzgebirge und Vogtland zu Fuß zu durchstreifen, sind das späte Frühjahr und der Herbst. Auf Proviantbeutel kann in der Regel verzichtet werden, da es genügend Gaststätten gibt. Wer zielgerichtet eine Berggaststätte ansteuert, sollte sich vorher bei der nächsten Tourist-Information erkundigen, wann Schließtage sind.

WINTERSPORT

Zentren des Wintersports sind im Erzgebirge die Gebiete um Altenberg, Carlsfeld, Holzhau, Jöhstadt, Johanngeorgenstadt, Oberwiesenthal und im Vogtland Klingenthal-Mühlleithen sowie Schöneck. Gespurte Loipen und präparierte Pisten stehen zur Verfügung, Ski-Ausleihstationen sind vorhanden, insgesamt gibt es im Reisegebiet mehr als 100 Schlepplifte. Einen Pisten- und Loipenplan für das Fichtelberggebiet hält die Kurverwaltung Oberwiesenthal kostenlos bereit. Auf den Kammlagen bestehen in normalen Wintern von Ende November bis in den März hinein gute Schneeverhältnisse. Zu den besonders schönen Langlaufstrecken gehört die Kammloipe, die auf einer Länge von 36 km das Vogtland mit dem westlichen Erzgebirge verbindet. Sie beginnt in Schöneck am Parkplatz beim *Hotel Hohe Reuth* und verläuft über Mühlleithen und Carlsfeld nach Johanngeorgenstadt, wo sie an der *Waldpension Am Schwefelbach* endet. Die mit blauen Schildern markierte Kammloipe führt überwiegend durch dichte Nadelwälder und ist somit weitgehend windgeschützt. Die Anschlußloipen sind an orangefarbenen Schildern zu erkennen. Ein Plan mit Skiwanderwegen und zahlreichen Hinweisen liegt kostenlos in Informationsstellen und Hotels aus.

WETTER AUF DEM FICHTELBERG

Die monatlichen Durchschnittswerte im Überblick

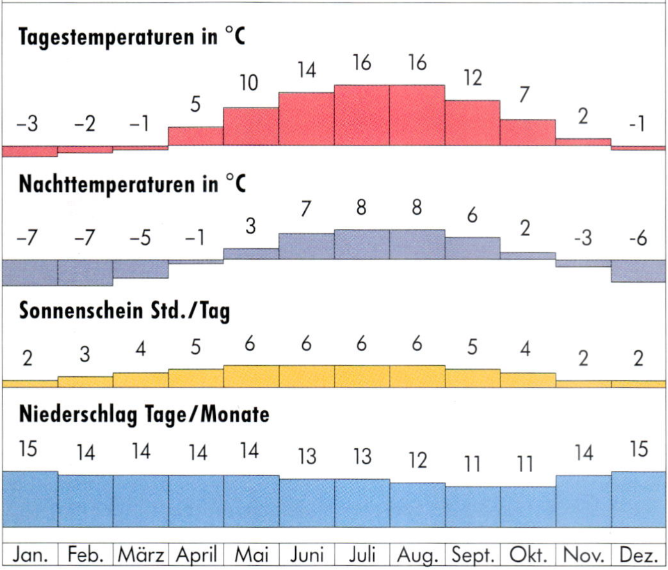

Bloß nicht!

Worauf Sie achten sollten, damit Ihr Aufenthalt nicht getrübt wird

Bergwerksbesuch
Unangebracht sind Sandalen oder hochhackige Schuhe bei Untertageführungen in bergbaulichen Schauanlagen. Auf keinen Fall warme Kleidung vergessen: Die Temperatur beträgt in einigen hundert Metern Tiefe nur zehn bis zwölf Grad.

Einbruchgefahr
Große Teile des Erzgebirges sind vom Bergbau unterhöhlt. In ihnen kann es zu Geländesenkungen kommen. Schilder »Lebensgefahr« warnen vor dem Betreten solcher Gebiete. Respektieren Sie auch die Hinweise an den Pingen von Altenberg und Geyer, denn das lose Gestein kommt schnell ins Rutschen.

Dialekt
Ihres Dialektes wegen werden die Sachsen verspottet und verhöhnt. Hüten Sie sich, die Sprache eines Erzgebirglers oder Vogtländers als sächsisch zu bezeichnen. Denn deren Dialekte weichen stark von der weithin bespöttelten Mundart ab, die zwischen Leipzig, Dresden und Chemnitz gesprochen wird.

Grenzgänger
Wanderwege und Straßen führen oft direkt an der Grenze zur Tschechischen Republik entlang. Sie sollten sich nicht zu einem wilden Grenzübertritt verleiten lassen. Die tschechischen Grenzer ahnden Grenzverletzungen häufig mit Festnahmen, vor allem, wenn kein Ausweis oder Paß vorgezeigt werden kann.

Parken
Die Parkplatznot ist in den neuen Bundesländern größer als in den alten, da es kaum Parkhäuser gibt. Fahren Sie daher nicht in die Zentren der Städte, lassen Sie das Auto am Stadtrand stehen!

Veränderungen
Restaurants, Hotels und Geschäfte entstehen, verschwinden oder bekommen »über Nacht« neue Namen, Straßen heißen plötzlich anders, Telefonnummern stimmen nicht mehr. Haben Sie dafür Verständnis, das gehört zu den gravierenden Veränderungen, die es seit dem Zusammenbruch der DDR auch im Erzgebirge und Vogtland gibt und die noch geraume Zeit andauern werden.

Wetter
In den höheren Lagen, besonders im Fichtelberggebiet, ändert sich das Wetter innerhalb kurzer Zeit. Nebel und Sturm ziehen rasch auf, im Winter vereisen die Pisten schnell.

In diesem Register sind alle in diesem Führer erwähnten Orte und Ausflugsziele verzeichnet. Halbfette Seitenzahlen verweisen auf den Haupteintrag, kursive auf ein Foto.

Was bekomme ich für mein Geld?

Als teures Reiseland gelten Erzgebirge und Vogtland nicht. In Dorfgasthäusern können Sie sich am Mittag durchaus für 10 Mark satt essen. Bei den Hotels und Pensionen mangelt es vor allem in den Städten oft an Zimmern der unteren Preisgruppe. Da hilft nur auf Privatquartiere auszuweichen, die für zwei Personen mit Frühstück ab 40 Mark pro Nacht zu haben sind.

Museen verlangen 2 bis 4 Mark Eintritt. Der Rundblick von den Aussichtstürmen kostet meistens 1 Mark, auf dem Fichtelberg 2 Mark – dafür aber bringt Sie auch ein Aufzug nach oben. Manchmal lohnen sich Sammeltickets, zum Beispiel bei der Sommerrodelbahn in Oberwiesenthal: Die Einzelfahrt kostet 3 Mark, die 10er-Karte 20 Mark. Wer mit der Kabinenbahn auf den Fichtelberg schweben möchte, hat 6 Mark zu zahlen, für Kinder 4,50 Mark. Preiswerter ist die Fahrt mit der Drahtseilbahn zur Augustusburg: 2 Mark für Erwachsene, 1 Mark für Kinder.

Kunsthandwerkliche Souvenirs aus dem Erzgebirge haben ihren Preis. Ein handgeklöppeltes Deckchen mit einem Durchmesser von 20 cm kostet etwa 80 Mark, eine Tischdecke mit einem Durchmesser von 200 cm 4000 Mark und mehr. Wenn Sie eine scheinbar ähnliche, aber bedeutend preiswertere sehen, ist es wahrscheinlich keine Handklöppelei, sondern eine maschinelle Arbeit aus dem Fernen Osten. Ein Räuchermännchen oder einen Nußknacker dürfen Sie nach Hause tragen, wenn etwa 50 Mark bezahlt sind. Wünschen Sie ein überdimensionales Exemplar von 180 cm Größe, werden Ihnen mindestens 3500 Mark abverlangt.

Für die Finanzplanung noch einige andere Preise: In Chemnitz kostet die 90minütige Stadtrundfahrt 9 Mark, die 45minütige Rundfahrt durch das Spielzeugdorf Seiffen 3 Mark. Am Greifenbach-Stauweiher können Sie ein Fahrrad für 8 Mark pro Tag mieten. Möchten Sie am Abend Kultur genießen, beispielsweise die Sommermusiken in der Annaberger St.-Annen-Kirche: Die Eintrittskarten kosten zwischen 3 und 8 Mark.